# 黃郛日記

## （1933-1934）

The Diaries of Huang Fu, 1933-1934

# 民國日記 | 總序

呂芳上
民國歷史文化學社社長

人是歷史的主體，人性是歷史的內涵。「人事有代謝，往來成古今」（孟浩然），瞭解活生生的「人」，才較能掌握歷史的真相；愈是貼近「人性」的思考，才愈能體會歷史的本質。近代歷史的特色之一是資料閎富而駁雜，由當事人主導、製作而形成的資料，以自傳、回憶錄、口述訪問函札及日記最為重要，其中日記的完成最即時，描述較能顯現內在的幽微，最受史家重視。

日記本是個人記述每天所見聞、所感思、所作為有選擇的紀錄，雖不必能反映史事整體或各個部分的所有細節，但可以掌握史實發展的一定脈絡。尤其個人日記一方面透露個人單獨親歷之事，補足歷史原貌的闕漏；一方面個人隨時勢變化呈現出不同的心路歷程，對同一史事發為不同的看法和感受，往往會豐富了歷史內容。

中國從宋代以後，開始有更多的讀書人有寫日記的習慣，到近代更是蔚然成風，於是利用日記史料作歷

史研究成了近代史學的一大特色。本來不同的史料，各
有不同的性質，日記記述形式不一，有的像流水帳，有
的生動引人。日記的共同主要特質是自我（self）與私
密（privacy），史家是史事的「局外人」，不只注意史
實的追尋，更有興趣瞭解歷史如何被體驗和講述，這時
對「局內人」所思、所行的掌握和體會，日記便成了十
分關鍵的材料。傾聽歷史的聲音，重要的是能聽到「原
音」，而非「變音」，日記應屬原音，故價值高。1970
年代，在後現代理論影響下，檢驗史料的潛在偏見，成
為時尚。論者以為即使親筆日記、函札，亦不必全屬真
實。實者，日記記錄可能有偏差，一來自時代政治與社
會的制約和氛圍，有清一代文網太密，使讀書人有口難
言，或心中自我約束太過。顏李學派李塨死前日記每月
後書寫「小心翼翼，俱以終始」八字，心所謂為危，這
樣的日記記錄，難暢所欲言，可以想見。二來自人性的
弱點，除了「記主」可能自我「美化拔高」之外，主
觀、偏私、急功好利、現實等，有意無心的記述或失
實、或迴避，例如「胡適日記」於關鍵時刻，不無避實
就虛，語焉不詳之處；「閻錫山日記」滿口禮義道德，
使用價值略幾近於零，難免令人失望。三來自旁人過度
用心的整理、剪裁、甚至「消音」，如「陳誠日記」、
「胡宗南日記」，均不免有斧鑿痕跡，不論立意多麼良
善，都會是史學研究上難以彌補的損失。史料之於歷史
研究，一如「盡信書不如無書」的話語，對證、勘比是
個基本功。或謂使用材料多方查證，有如老吏斷獄、
法官斷案，取證求其多，追根究柢求其細，庶幾還原

案貌，以證據下法理註腳，盡力讓歷史真相水落可石出。是故不同史料對同一史事，記述會有異同，同者互證，異者互勘，於是能逼近史實。而勘比、互證之中，以日記比證日記，或以他人日記，證人物所思所行，亦不失為一良法。

從日記的內容、特質看，研究日記的學者鄒振環，曾將日記概分為記事備忘、工作、學術考據、宗教人生、游歷探險、使行、志感抒情、文藝、戰難、科學、家庭婦女、學生、囚亡、外人在華日記等十四種。事實上，多半的日記是複合型的，柳貽徵說：「國史有日歷，私家有日記，一也。日歷詳一國之事，舉其大而略其細；日記則洪纖必包，無定格，而一身、一家、一地、一國之真史具焉，讀之視日歷有味，且有補於史學。」近代人物如胡適、吳宓、顧頡剛的大部頭日記，大約可被歸為「學人日記」，余英時翻讀《顧頡剛日記》後說，藉日記以窺測顧的內心世界，發現其事業心竟在求知慾上，1930 年代後，顧更接近的是流轉於學、政、商三界的「社會活動家」，在謹厚恂恂君子後邊，還擁有激盪以至浪漫的情感世界。於是活生生多面向的人，因此呈現出來，日記的作用可見。

晚清民國，相對於昔時，是日記留存、出版較多的時期，這可能與識字率提升、媒體、出版事業發達相關。過去日記的面世，撰著人多半是時代舞台上的要角，他們的言行、舉動，動見觀瞻，當然不容小覷。但，相對的芸芸眾生，識字或不識字的「小人物」們，在正史中往往是無名英雄，甚至於是「失蹤者」，他們

如何參與近代國家的構建，如何共同締造新社會，不應
該被埋沒、被忽略。近代中國中西交會、內外戰事頻
仍，傳統走向現代，社會矛盾叢生，如何豐富歷史內
涵，需要傾聽社會各階層的「原聲」來補足，更寬闊的
歷史視野，需要眾人的紀錄來拓展。開放檔案，公布公
家、私人資料，這是近代史學界的迫切期待，也是「民
國歷史文化學社」大力倡議出版日記叢書的緣由。

# 來自八十餘年前的時空膠囊：
# 《黃郛日記》簡介及導讀

**任育德**
國立中正紀念堂管理處研究典藏組副研究員

> 經國有才皆百鍊，著書無字不千秋。
> ——徐世昌書贈黃郛（1934.11.5《黃郛日記》）

## 一、黃郛生平

　　黃郛原名紹麟，字膺白，號昭甫，浙江省上虞縣人，1880 年 3 月 8 日生，1936 年 12 月 6 日逝。黃郛生父黃文治早逝，就讀義學而後補上學校生。晚清中國步入科舉取士之路將終結、新式教育值初建之 1904 年，黃郛入讀浙江武備學堂，隨獲清廷官費赴日本留學，入讀東京振武學校，1905 年在東京加入中國同盟會。1908 至 1910 年間就讀陸軍測量局地形科並學成返國。1911 至 1915 年間，參與辛亥革命、倒袁軍事行動，因此具備軍事領導經歷，為外人稱「黃將軍」。[1]黃郛在「二次革命」倒袁失敗後，曾輾轉流亡日本、南洋、美國，這種閱歷並非時人常見者。在黃

---

1　The China Weekly Review ed., *Who's Who in China* (Shanghai: The China Weekly Review, 1925, 3rd edition), p. 379.

郛一生的青壯年時期具有較為濃烈的軍事色彩。

1921 年起，黃郛逐步從軍人轉變為重文治的政治人物。他在美國考察期間擔任北京政府參加華盛頓會議代表團顧問，再赴歐考察戰後政情。回國後，陸續出任張紹曾內閣署理外交總長，高凌霨攝政內閣、高凌霨臨時內閣、顏惠慶內閣任內之教育總長。1924 年 10 至 11 月間，黃郛代理內閣總理，也就在這段期間內馮玉祥領軍包圍北京紫禁城，鹿鍾麟持《修正清室優待條件》宣言文件，取消前定清室優待條件並命令溥儀限期離開紫禁城，溥儀迫於形勢同意離開。黃郛內閣籌劃以北京紫禁城興辦博物院、圖書館，黃郛內閣雖然為時甚短，但故宮博物院終在紫禁城開放，此一將皇權象徵轉變為國家文化傳承象徵的過程，黃郛是歷史參與及見證者之一。

1927 年間，黃郛重返政界，斡旋蔣介石、馮玉祥徐州相見。7 月出任上海特別市市長，處理華洋勢力交匯前鋒重地之一政務。1928 年 2 月出任國民政府外交部長，任內處理南京國民政府與國際強權有所衝突之「南京事件」、「濟南事件」，因此遭致民間輿論之怨言，再度離開政壇，來往上海、莫干山之間，以讀書寫作、蒔花等活動沈潛消遣。黃郛早年即有寫日記習慣，現今只有少部分內容轉抄存世，其餘已告亡佚。1929 年後，黃郛山居，擷取夫婦名中各一字，將莫干山居所命名為「白雲山館」，自許山館主人，已與先前心境、環境有異，得以記下保存至今《黃郛日記》之內容。

1933 年 5 月，黃郛復出政界，出任行政院駐北平
政務整理委員會委員長，與日本政府、關東軍秘密交
涉談判塘沽協定。5 月 31 日，最終協定達成。在中國
高漲的民族反日情緒之下，黃郛成為輿論及不同政治
勢力派系間之指責對象。1935 年春，黃郛請長假離京
南下休養，就此引退。1936 年 12 月 6 日即以肝癌在
上海逝世。6 天以後的 12 月 12 日，西安事變發生。7
個月後的 1937 年 7 月 7 日深夜蘆溝橋事件爆發，也開
啟了中日全面戰爭。

## 二、史料重現與涉及人物

黃郛生前與妻沈亦雲彼此許諾，將為早逝對方撰
寫傳記以述生平。沈為當時中國接受新式教育女性之
一。她在黃郛過世後，一面寄情教育事業，也盡可能
保存相關資料，但在抗戰後撤、前往香港之際也不
得不銷毀相當資料，僅餘少數帶走。[2] 黃郛逝世後不
久，沈亦雲徵集故舊紀念文印就《黃膺白先生故舊感
憶錄》。1945 年完成《黃膺白先生家傳》，蒐羅相關
親友回憶，可說是黃郛個人資料整理之始。1950 年
2 月，沈亦雲從上海取道陸路南下香港，後長居美
國，接受美國哥倫比亞大學口述史訪問（1962），並
將保留資料（電報、書信、講稿、文稿）捐贈該校珍
稀圖書與手稿圖書館保存，成為「黃郛文件」（Huang

---

2　沈亦雲，〈自序一〉，《亦雲回憶》（台北：傳記文學出版社，
　　1968），冊上，頁 1。

Fu Papers, 1913-1936）。日記部分內容曾經摘錄披露於
《亦雲回憶》，也成為相關研究中日外交著作參用內
容。史丹福大學胡佛研究所也有「黃郛文件」（Huang
Fu Papers, 1920-1936），台北國史館庋藏「蔣中正總統
文物」留有黃郛、蔣介石於 1920 年代後期至 1930 年代
前期相關往還電稿抄件，這都構成黃郛與相關人物研
究、1930 年代中日外交基礎史料。在此基礎上，已有
研究成果專著如謝國興《黃郛與華北危局》（1984）、
Parks M. Coble, *Facing Japan: Chinese Politics and Japanese Imperialism,*
*1931-1937*（1991，馬俊亞中譯，2004）、劉維開《國難期
間應變圖存問題之研究》（1995）、臧運祜《七七事變
前的日本對華政策》（2000）、內田尚孝《華北事変の
研究－塘沽停戦協定と華北危機下の日中関係 1932-1935
年》（2006）、 李君山《全面抗戰前的中日關係（1931-
1936）》（2010）、黃自進《蔣介石與日本 —— 一部近
代中日關係史的縮影》（2012）等。但其中有關《黃郛
日記》內容多屬轉引。《黃郛日記》手稿複本近年入藏
台北中央研究院近代史研究所圖書館後，有天津南開大
學賀江楓就 1935 年部分予以利用至研究論文中，更大篇
幅利用者尚不多見。

　　在黃郛逝世八十三年後，民國歷史文化學社策劃
「民國日記」系列，納編《黃郛日記》，將現存十六
本內容首度全文出版，正可為擴充民國史基礎史料來
源增添重要一筆，也一併提供人物內心世界和電文之
間產生關係、不同人物觀點角度對照，進而瞭解民國
歷史潮流動力及暗流。

　　從前述黃郛生平可知，《黃郛日記》書寫時段和生命中閒居莫干山、上海，重返政壇處理中日外交談判及國交往來相疊合，表現日記主人讀書讀報所思所想，情緒反應。這包括有關時局及世局發展之認知、理解、因應，以及日記主人之人際交往、聯繫網絡。

　　《黃郛日記》密集出現蔣氏身旁其他重要人物如楊永泰（暢卿）、錢昌照（乙藜）；南北金融界人物如徐新六、張公權、吳鼎昌、錢新之、徐青甫等人，這些人有大部分在時人目之為「政學系」人士。留日學生從事政務、軍事活動者，如袁良、何應欽、殷同、唐有壬、王克敏、梁鴻志亦出現在日記。至於姻親家人們如葛敬恩、沈怡、朱炎、陶孟和、沈亦雲（日記中或名景英、雲英）等人也在日記中不時出現。日記內也有南北媒體界人士如陳冷、張季鸞、史量才之身影。其他與黃郛曾有往來之軍政要人包括馮玉祥、閻錫山、汪兆銘、李煜瀛、張靜江、吳敬恆等人，或寫信表意、或遣代表面談。日本在華外交人員、軍政人員也會拜訪黃郛，交換有關日本、中國政局及國交發展等訊息意見。

　　因此，白雲山館主人黃郛雖然歸隱山林、密集研讀佛理請益高僧，事實上白雲山館也如同架空小說《瑯琊榜》的瑯琊閣一般是訊息蒐集與交流地之一。而在現存篇幅近三十萬字的日記中，讀者既見到了黃郛從早到晚大致規律行事的運動、記事備忘、讀書感懷、收信回信、交際往來，也見到政治人物理解局勢、人事及各派系勢力之間的活動。

## 三、內容舉隅

　　1920 年代中期至 1930 年代間，蔣介石從黃埔軍校校長逐步轉變為全國政治軍事重要領導人物之一，為應付國內外政情發展，需要有各種不同出身、專業背景者提供意見及諮詢。此時，黃郛與蔣介石間具備同鄉、同學之「二同」，以及擬血緣之「誼盟」關係，就以在野身分成為蔣介石請益諮詢對象之一，蔣介石、張群、黃郛之間的密切聯繫互動，都在《黃郛日記》中清晰呈現。黃郛兼具日本、美國、歐洲一手閱歷，在蔣氏親近人士僅偏重日本或美國一方閱歷中更顯得特殊。其次，黃郛雖與張群、蔣介石有盟誓，一生除參與同盟會、留日武學生組織之「丈夫團」外，並未加入中國國民黨。[3] 黃郛也曾向蔣介石表明「在此環境亞，余祇能對介個人幫助，雅不願再掛任何名義也」。（1929.6.16《黃郛日記》）因此他並未就任導淮委員會副委員長。他是以無黨籍[4] 客卿智囊姿態向蔣介石提出建言，也前人所不敢言。

　　在中國尚待形成一有明確主權意識的現代國家之際，黃郛建議要立憲並行憲。國民黨施行訓政，面臨瀋陽事件爆發，廣東自樹另一國民黨黨統及政統之際，黃郛主張蔣介石不可輕易辭職，應取消訓政早日實行憲政。國民黨應「稍舉憲政時期之權利界諸國民耳」，

---

3　約在 1927年春，蔣介石、張靜江曾自行署名要擔任黃郛入國民黨介紹人，但遭黃郛婉拒。沈亦雲《亦雲回憶》，冊上，頁 292。
4　因此，如日本外務省情報部編纂，《支那人名鑑》（東京都：東亞同文會調查部發行，1328），頁 604所載「國民黨浙江系」即有誤。

藉以一面貫徹國民黨主張軍政訓政憲政，又可掃除國民嫌隙恩怨、黨內糾紛，提升國民支持政府之心。在政治上應開放組黨自由，讓政黨發揮新陳代謝、網羅人才正常功能。蔣介石宣示行憲可凝聚國民共識，有助解決內政、外交問題。（1931 年 12 月 4 日《黃郛日記》）到了 1935 年 9 月 4 日，陳布雷再奉蔣介石命交換憲法意見，黃郛重申前議，重申與講清他的構想：

> （一）議會本身採取兩院制，上院以與國家有休戚關係而不帶地方色彩者充之，下院則選自各省市與地方有密切關係者充之；（二）中央政府採取責任內閣制，僅總理由總統提出，國會通過任命之，餘均由總理完全負責（但以中國之大，人事之繁，欲內閣不常常搖動而政務又得推行無阻，似地方非採取均權制不可，如下條）；（三）地方政府採取「多級總攬制」，即中央以下有方面（分全國重要各區，設置四、五個巡督大員，領二省或三省），方面以下有省，省以下設府，府以下設縣，而每級均總攬其轄區內之民、財、教、建全責任，此為予對憲法之大意也，談約一小時半別去。

國家應有根本大法、國事應由國民公意決定之，這兩點是黃郛一再針對內政的基本主張，在日記記載中均可明確見到。這應當是超出注重政黨利益、一黨獨尊地位下的見解，也是他與當時國民黨政最大的分歧。

　　黃郛對於中日外交路線自有觀點，或可以當時日本對之公眾觀感進行觀察。日本某一份報導曾稱，黃郛雖是所謂中國政商界「親日派」人士之一，這是指具有日本留學經歷，回國尋求事業成就的一群人。他們瞭解日本在東亞政治地位的重要性，願意雙方合作提攜，當中日發生衝突糾紛時，他們因為比較瞭解問題情形而有解決意願。可是他們和歐美派意見有異，利益衝突，為保全政治地位，具有多重政治人格，也並不見得會為確立東亞和平的大目標而貿然賭上個人政治生命，日本不能因為「親日派」名號有所誤解。[5]另有日本報導專稿描述，知日派外交元老當推黃郛，以日文「大御所」描述。[6]這都顯示，日本欲進行擴張及侵略中國之時，軍政外交各對黃郛角色多有關注、重視及意圖爭取，也注意到中國民間反日民族情緒、政治派系問題可能造成的牽制、羈絆。

　　黃郛對蘇俄共產思想進入中國不以為然，稱 1920 年代引發國共之爭係「伏毒盡發，乃亟亟然欲為事後之補苴」。（1928.8.3《黃郛日記》）1931 年間親見上海滬變十九路軍抵抗，參與中日停火調停，表示中國長期抵抗之必要：「抵抗分物質抵抗與心理抵抗兩層。物質抵抗，中國事事落後，萬不能長期以原始人

5　〈支那の欧米派と日本派〉，《満州日報》，1935年8月14-18日，見「神戸大学経済経営研究所新聞記事文庫」中国 (15-060)，最後瀏覽時間：2019.9.14。

6　〈日支交渉の暗礁を抉る (上・中・下)〉，《東京日日新聞》，1936年12月7-11日，「神戸大学経済経営研究所新聞記事文庫」外交(145-015)，最後瀏覽時間：2019.9.14。

類血肉的肢體，與新時代種種殺人利器相搏激，故惟有心理抵抗始能持久而取最後之勝利。」（1931.3.5《黃郛日記》）在黃郛心目中，中國若抵抗同樣來自亞洲的侵略歷程需要準備時間，內部地方實力派軍人和中央利益不一，各派系政治鬥爭而不能合作，讓中國更顯弱勢；歐戰各國運用毀滅性武器，讓人體認戰爭之可怕之餘，追求和平、避戰；歐美各國不欲涉入外國事務，使日本軍人有隙可乘以進行擴張的心理，都是黃郛體認到的國內外環境。

國民政府在中國東北遭日本侵佔後，縱使無法改變日本控制並建立傀儡政權「滿洲國」事實，卻透過訴諸國際、不妥協態度，使「不承認原則」獲得合法性，也開啟日後與日本之敵國結盟可能。[7] 在中國與日本關係加劇緊張時，黃郛接受蔣介石請求處理對日關係。國民政府期望將對西方帝國主義採用的經濟抵制、執著、合法度等手段運用在對日政策，卻面臨日本帝國主義向中國擴張而無休止的要求，使國民政府主政者面臨中國民間不斷增長的憤怒情緒，遭受其他派系以此為名進行之權力挑戰。當主政者要壓制來自各方挑戰時，對手則為自己的目的力圖釋放和引導各方力量。黃郛即使具備各方人脈與聯繫網絡，受到蔣介石、汪兆銘共同勸說「出山」，「跳入火坑北平」，面對紛雜的多方意見，也苦不堪言。

---

7　柯偉林（William C. Kirby），〈中國的國際化：民國時代的對外關係〉，《二十一世紀雙月刊》，期44（1997年12月），頁36。

　　黃郛就任華北政務委員會委員長後，就面臨來自地方軍人的要求，「光怪陸離真是不可窮詰」（1933.6.23《黃郛日記》），部屬之間彼此攻訐而「謏謏諈諈」而感「嗚呼！辦事之難也」。（1933.7.12《黃郛日記》）日人層出不窮、尋釁要求導致情緒煩悶時黃在日記宣洩「滿地雜屎均要我掃，真是苦痛，然亦不能不自責我同胞之爭意氣而不識大體也。」（1933.6.26《黃郛日記》）他警覺日人在華北「露骨干政，真是可慮」（1933.7.21《黃郛日記》），行事不免操切。徐永昌曾在個人日記提出觀察：「黃似不能久，且亦無聊，因以其用內戚沈某接長平綏，用袁良接長平市，一則自私，一則操切自私，而操切如何能久。」（1933.7《徐永昌日記》）黃面對需要談判問題，密切與相關人員、南京電報聯繫，以釐清談判與可行方向，日記側面反應行程繁忙而無暇再記讀書之事。他與宋子文一場談話反應雙方不同意見，宋認為二至四年間太平洋並爆發大戰，戰爭結果日本必敗。黃郛認為戰爭武器兇殘，各方不敢輕易言戰，無法預料何時發生戰爭，即使真有戰爭，日本也告失敗，但戰爭「起時我國境象如何？結時我國安危如何？均不暇顧，未免太為感情衝動之論。」（1933.9.1《黃郛日記》）他抗拒來自日本要求其「在華北謀自立自足」並「擔保日、俄、美等開戰，中國須與日同情，而日助黃在華北安定」（1933.12.6《徐永昌日記》）之魔鬼誘惑，服從南京由蔣介石主控決策及大方向。他駁斥天津駐屯軍參謀長酒井隆放言高論，「無非欲逼

中國隨日本走，予與之力辯厲害，彼乃稍稍沈默。」
（1934.12.24《黃郛日記》）黃郛內心情緒激昂、低落、
恨鐵不成鋼多重情緒在《黃郛日記》表露交織。

　　黃郛投注華北與中日外交事務，身心耗損頗大，
徐永昌的觀察可為註腳：「二十一年在滬上晤膺白時，
其氣宇何等閑靜，去歲以來，時見其憂弱之態，作努
力談話，人之宜修亦宜養如此」。（1934.9.25《徐
永昌日記》）而 1930 年代政治勢力暗流之一的地方
實力派領袖們袖手旁觀，讓他難在華北做得下去。華
北政務整理委員會結束後，徐永昌自記與閻錫山談話
透露線索：「去歲以來，余每與閻先生談華北對日外
交問題，以為如無意出任艱鉅時，最好竭力協助黃膺
白，使其能做下去，如中央不能予黃便利時，亦應仗
義執言，不然者禍患且及於晉綏，渠總唯唯否否，今
日又及此，結果亦然，惜哉。」（1935.6.13《徐永昌
日記》）黃郛為維護古都北平、華北主權、中日和平
做出最大努力，身為蔣介石對日政策擋箭牌以抵擋來
自各方不滿情緒，內心煎熬，去職前後也萌生是否徒
勞之感。特別是在得悉汪兆銘在中日交涉中全盤接受
日方撤去軍隊、黨部條件，「覺悟汪先生上了廣田大
當」，「嗚呼！兩年來苦心維護之舊都，今後是何景
象，予不忍再書矣！」（1935.6.9《黃郛日記》）黃郛
稍後研判預料「今後之河北必將成為有實無名之非戰
區」。（1935.6.11《黃郛日記》）河北最後也成為點
燃中日全面戰火之火藥庫。

## 四、結語

黃郛處在 1930 年代東亞內外局勢衝突及多重夾縫中，不得中國民意理解之際，如何自解？《黃郛日記》恰巧留下些許線索，也以此做結。他曾回覆留美青年龍冠海「勸勿親日」隨函附〈人格培養同盟簡章〉、《紐約時報》報導一則：

> 冠海先生大鑒，遠承惠教，感佩同深。彼此均為中國人，吾儕血管中皆為中國血所灌輸，親日固談不到。依弟愚見，中華民國國民除親華外無可親者，更進一步言之，今日世界現狀如此，中國之勢如此，唯有內親外睦之一法，或可以渡此難關。換言之，對內應無不可親，對外應無所不睦。如對內有親、有不親，則統一難期，復興無望。對外有睦、有不睦，非近憂立發，即遠患潛滋。先生留學海外，聞見必廣，當能諒此。諸先生以培養人格相勗，竊以為苟利於國，一切個人之安危毀譽，悉舉而犧牲之，此為人格之最高點，深願有以共勉之。百忙怖悃，幸恕率直，順頌大安。（1934.1.16《黃郛日記》）

這些具有血性的文字都來自這一份八十餘年前的時空膠囊，也給予今日讀者一個人物與他所處時代的鮮活印象。

# 編輯凡例

一、本系列之黃郛日記以美國史丹福大學胡佛研究所
　　收藏「黃郛文件」（Huang Fu Papers, 1920-1936）
　　之「白雲山館主人日記」現存手稿為底本進行整
　　理，白雲山館為黃郛在莫干山居住別墅之名。少
　　許內容於製作微縮影像前即先遭遮蔽。現存日記
　　手稿收錄時間起自1929年1月1日，止於1936年8
　　月16日，12月6日黃郛逝世，計十七本，惟記載
　　1929年10月20日起至1930年2月22日間之第三
　　本已告佚失，存十六本。現存十六本日記內容全
　　文為首度公布，離日記主人黃郛謝世83年。

二、如遇日記當日內容缺漏，則依殘存文字上下文，
　　屬之後缺漏者註明〔後缺〕，若為之前缺漏者註
　　明〔前缺〕。全日缺漏者註明〔缺〕。

三、本文以現代標點符號進行日記斷句，以一日記事
　　為原則，不細分段。如作者在日記天地另行撰寫
　　提要，則以【】標註，另起一段，原則置於該日
　　日期、天氣條目之後。如不只一則提要，依上下
　　午、晚時段獨立分段，置於該段之前。有關作者
　　原文所稱書名以「」符號註明者，統一以《》符
　　號標示。

四、日記主人書寫有關古字詞、非今日通用字者，如
　　「甯」、「勦」、「効」、「歷」、「体」、「并」

等，仍依作者手稿使用原字不予更動。日記使用
姓名書寫同音轉字情形或筆誤，均依作者手稿錄
入，不另行更正。日記使用之俗字、簡體字以正
體字呈現。

五、如遇字跡無法辨識者，均以□符號表示，每一個
□符號代表一字。原文以圈字呈現者，均以○符
號表示，每一個○符號代表一字。

六、日記內容涉及人物、事件複雜，參與日記手稿整
理核校團隊限於學力識見，思慮恐難周全，雖經
校對，舛誤謬漏仍在所難免，尚請諸位學者專家
不吝指正。

# 目　錄

## 民國 22 年（1933 年）
### 1月1日元旦日　晴

　　晨起做動課。早餐後偕予妻、性白、肖才等各乘輿上山，先至白雲山館，李有功、王有禮等均來算賬。又至療養院訪計仰先，知彼已於前日下山轉入杭州之浙江病院矣，問張醫生，言此病實已無法根治，不過時日問題而已，深可惜也。正午至鐵路飯店午餐，張幼山亦來共食，飯後王有芳、鄭遠安來晤，午後四時半回校，晚間在校開第一次校董會議，出席者有予夫婦及性白、肖才、（汪）輔臣、（吳）雨峰六人，列席者有（汪）輔卿一人（校董中僅陳發鈺未到），議決四案另錄。

### 1月2日　晴

　　晨起做動課。早餐後李有功來算賬，付工程洋參佰元，又與性白接洽人、屋、地、班等事。傍午武康戴縣長濟民來訪，留共午餐，雜談武康縣政及辦理糶米、教育、醫院等情形，午後四時別去。晚間張登喜來接洽添造禮堂事。

### 1月3日　晴

　　晨起做動課。早餐後行廿二年新年開學式禮，予出席為諸生訓話，未幾，湛侯夫婦由杭來敘，公權由山來談，均留共午餐。午後公權復上山，予即隨湛侯等返杭寓湛侯宅（介石於是晚抵杭）。

## 1月4日　雨

　　晨起做動課。早餐後赴澄廬晤介石談外交及華北情形（因山海關於元旦日，中日兩軍起衝突大戰，臨榆縣城已失之故），談兩小時告別，予復至牛羊司巷訪三哥叔汀，見其咳嗽殊甚，予安慰之，并交與嘉興坟傍地契二十餘紙，正午回湛侯宅午餐。傍晚介石來答訪，出示吳鐵城、張學良等報告軍情各電，談一小時別去。

## 1月6日　雨

　　晨起做動課。早餐後介石來電邀往再談，討論一小時餘，予告別時見黃紹雄在外室候，聞將使其長浙云云，予亦與之一握手焉。歸寓後偕內相往訪青甫嫂及仲勛姻丈，予個人又往訪靜江，談公益會建屋事。正午在仲勛宅午餐。午後鹿君、墨正等均在仲勛宅談話。傍晚歸湛侯宅晚餐，餐後介石又電邀往談，至則陳景韓在焉，雜談二小時而別。

## 1月6日　晴

　　晨起做動課。早餐後介石派人來邀，再往一談，約四十分鐘告別，即赴車站乘車赴滬。午後二時一刻抵滬，修直來晤，即請彼往接吉田茂（日本駐土耳其大使，宮內大臣牧野仲顯之婿，曾任外次）、深澤暹來宅談話，六時半別去。七時赴岳軍宅晚餐，十時歸寓。

## 1月7日　晴

　　晨起做動課。早餐後李擇一來報告此次赴東經過情

形，似中日案解決之重心，有趨在松井石根中將之手之形勢，予備函介紹李往覿見介石報告：（一）赴東視察經過；（二）代報告昨日與吉田晤談情形（李乘九時廿分車赴京）。又朱達齋來商計仰先君身後善後問題，又作書寄呂習恆、周亮才、嵩雲姪、張鏡心四人。午後岳軍來談。

## 1月8日　晴

晨起做動課。早餐後厚生來談，又伯樵來報蔣伯誠君到滬，本晚即須北行，乃即偕伯樵訪伯誠談華北情形。午後出訪李協和未遇，又訪岳軍，在岳處遇俞樵峰君。傍晚歸寓作書復林季良、張水淇二人。

## 1月9日　晴

晨起做動課。早餐後劉石蓀、橘三郎先後來晤。午後青甫由青島歸來訪。又薛子良來訪，親交到煥章來電一件，蓋對私著急、對公悲憤，故有此電也。予請子良轉達請其自重，并應豫謀遷地為良之計。子良去後，予作書復黃約三、陳志廈、汪叔明三人。傍晚至學會開政制組會議並共晚餐。餐後又赴岳軍宅談外交情形，因彼將於本晚入京，託其轉陳也。十時返寓。

## 1月10日　陰霧

晨起做動課。早餐後任之來談，謂將北行，蓋又為時局衝動矣。又厚生來共午餐，午後協和夫婦來答拜。傍晚張登喜來接洽建造莫干小學禮堂事，并付校舍建築

費洋貳千元。晚間作書復秋岳、性白、叔明、季鸞、乙藜、亞農及曹新吾七人。

## 1月11日　雨

晨起做動課。早餐後季實偕褚掄記來看圖樣（住宅增改），又理髮師來理髮。又何克之來談華北時局，並商定復煥章電稿。午後訪子良，并作書寄暢卿，附去煥章原電，謀蔣、馮之和緩也。

## 1月12日　雪

晨起做動課。早餐後劉石蓀來談，約二小時半。午後李擇一來談又約兩小時半，均係討論對日問題。晚間作書寄暢卿、鎔西、岳軍、達生諸人。

## 1月13日　陰

晨起做動課。早餐後作書復金純孺（寄日內瓦中國代表處），又電邀甘可權來接洽開大會事。午劉石蓀偕日人武田來訪。午後暢卿、叔平先後來談，又作書復林勁南、林石友兩人。傍晚至李宅晚餐（擇一讌外賓），同座有震修、有壬、衫坂、佐藤、北岡、小別當諸人。

## 1月14日　雪

晨起做動課。早餐後震修君來談，又亞農偕劉石蓀來談。午後審閱學會財務報告書。傍晚至君怡宅晚餐，餐後在君怡處遇惲寰、王崇植二人。

## 1 月 15 日　陰

晨起做動課。早餐後九時至中社開學會第二屆大
會，予先述開會詞，繼由厚生作會務報告，長卿作財務
報告，可權作研究報告，壽宇作出版報告畢。復由予提
議在會同人對已故會員金井羊、計仰先二人應籌集賻金
以惠遺族，通過，由秘書處接洽辦理，時已正午，遂
敘餐。午後二時復開會，由鎔西講演〈民國製憲史概
觀〉、寰澄講〈國難中之經濟建設〉、蘊初講〈赴歐考
察工業聞見及感想〉，權時講〈節制外貨消費〉、益三
講〈最近教育界概觀〉，講畢已五時半，遂散會。後至
炎丈宅晚餐，九時半歸寓。

## 1 月 16 日　雨雪

晨起做動課。早餐後亞農來談，又作書寄易寅村、
戈卓超、張寓鋒三人。正午赴華安午餐。午後張鏡心由
杭來晤，商定赴莫干小學担任教員事，又殷亦農來談。
傍晚作書寄性白。

## 1 月 17 日　陰

【寄子計晉仁】

晨起做動課。早餐後，亡友計仰先兄之夫人率其子
女來訪，并命其子晉仁對予夫婦行大禮作寄子女，予安
慰計夫人而去。又袁文欽夫人來探問南昌消息，因近日
贛省共匪又猖獗也。又作書復性白。午後岳軍、暢卿來
共談內外時局四小時，又修直來請與譚道源（煥章）會
晤，予約以明日午前十時。

## 1月18日　陰正午大雪

晨起做動課。早餐後十時修直偕譚煥章來晤談，李孟魯亦同來，轉述吳子玉意旨，又克之來談馮煥章情形。又橘三郎來述吉田返日後之來信內容。午後殷鑄夫、褚慧僧同來。

## 1月19日　陰

晨起做動課。早餐後整理文件。午後李擇一來告與岳軍談話經過，又張登喜來豫支禮堂工程費五百元。

## 1月20日　陰

晨起做動課。早餐後作書復沈理源為津屋出售事，又達齋來為計仰先身後善後事。午後仲完、懿凝來接洽陰歷正月十日，予妻四十歲祝壽事，因國難正殷，萬不願承，結果商定禮物折送莫干小學用品（限於親友），當日僅備麵食。又出訪何敬之病談半小時，順道訪岳軍談一小時而歸。

## 1月21日　雨

晨起做動課。早餐後湛侯由杭來談航空學校事，予妻出至体育小學，因該校舉行休業式，邀往給獎。午後至炎丈宅談敘。

## 1月22日　陰正午晴

晨起做動課，早餐後洪芰舲來晤，送來《國民讀本》稿四課。又沈立孫、徐季實、何傑才先後來談。午

後李擇一、趙厚生來晤，厚生領去一月份出版科經費。

## 1 月 23 日　晴

晨起做動課。早餐後閱讀各種稿件，午後出至霞飛路散步，得微汗而歸。修直在寓候焉，談至傍晚，共赴學會開政制組例會，通過政制原則六條，十時返寓。

## 1 月 24 日　晴

晨起做動課。早餐後亦農來談，正午至世界學院吳鐵城招讌，因歡迎段芝泉也。午後李擇一代安福系人來打聽段來內情，真是可笑。

## 1 月 25 日　晴

晨起做動課。早餐後理髮師來理髮，又協和來談，又作書復趙踴武、劉穗九、胡宗南、楊嘯蒼四人。午後任之由北平來報告北情（厚生同來），又岳軍、炎之來共晚餐。

## 1 月 26 日　晴

【陰歷癸酉元旦】

晨起做動課。早餐後季實來拜年，又馮若飛偕彭醇士來晤，又俞寰澄來共午餐。午後作書致王揖唐，將託彭醇士帶去。傍晚岳軍、炎之來談。

## 1 月 27 日　晴

晨起做動課。早餐後震修來晤，送來小楷全部金剛

經匾額一方，係祝予妻四十歲壽者，拜領之餘，慚感而已。又橘三郎來言將往天津，予詢其內容，知齋藤內閣將有變動，而前方何柱國與津田之間仍有密契。傍午君怡來晤。午後劉定武由北平來，送來煥章一函，并述華北緊張情形。

## 1月28日　晴

　　晨起做動課。早餐後劉華瑞（穗元，贛人，住赫德路1433號，外部條約委員會委員，留美學生，研究政治哲學，來函自介紹，故接見）來談。午後赴炎丈宅談敘。傍晚至世界學院讌段芝泉（予與岳軍作東），席間聞高子白君談「新字」法。

## 1月29日　晴

　　【附致煥章函稿】

　　晨起做動課。是日，接子良轉來煥章一電。早餐後湛侯由賓來報告在賓各項聞見。正午又至世界學院午餐（係虞洽卿等讌段）。午後陸彤士、黃伯樵先後來談。傍晚復煥章一函，仍送交劉定武君帶去（函稿錄後），晚間至大東酒樓赴岳軍之讌，因彼新承寄馬聘三之小姐為寄女，故有此讌會也。

　　煥章我兄先生尊鑒，日昨劉定武氏惠臨，奉到手教，奉誦之餘，感慨萬狀。本晨又由子良兄交到有電，知對軍事準備有所建議，尤為佩慰。惟弟痛念國難之成，其因多其來漸，故自拔之道，決非一朝一夕之間可能收功，亦非一手一足之勞所能負荷。換言之，此種鉅

大規模之外力壓迫，非有鉅大規模之內力膨脹，不足以言抵制。弟見如是，不識高明以為然否？除仍託定武兄代致拳拳外，謹覆佈悃（附去《復興》月刊五冊）。

## 1月30日　晴

晨起做動課。早餐後陳劍塵來拜年，囑往電局代掛號。又張敬純由霍山來晤，帶到梁子超函一件，當即作書答之。傍午伯樵來述汪翊唐由瀋陽帶來消息。午後張鎔西偕李印泉來訪談大局及煥章前途事，未得要領。傍晚至炎丈宅，赴巍舅招讌。

## 1月31日　晴

晨起做動課。早餐後作書謝叔雍禮物（昨日叔雍送來佛像一尊，為景英內相四十初度壽）。又李擇一來晤談，傍午橘三郎來，送來吉田茂大使函，知日本最近政界空氣。午後李擇一又來偕梁鴻志來訪，謂：（一）吳光新要來訪晤；（二）段芝泉要約時會談。蓋政客又將借題熱做文章矣。傍晚岳軍來接洽：（一）擇一赴東事；（二）煥章事；（三）段芝泉事；（四）日情報告事。

## 2月1日　晴

【是日為陰歷正月初七日，乃父親忌辰】

晨起做動課。早餐後厚生來談學會事，九時半伯樵偕東三省中國銀行秘書張君度君來談東省社會情況，又梁鴻志偕吳光新來訪，午後李擇一來談。

## 2月2日　晴

晨起做動課。早餐後屈蘭九、李玄伯來談（屈談財政，李談故宮）。正午至何克之宅午餐，同座有黃建屏、方叔平等。午後乙藜偕翁詠霓來晤，傍晚至馬聘三宅晚餐。

## 2月3日　晴

晨起做動課。早餐後劉定武、張相時、楊逸才等先後來晤（劉為馮事，張將赴滇，楊來報告防務）。午後作復寄湯爾和，又趙叔雍偕葉玉虎來訪，談故宮博物南移事，未得結果而別。

## 2月4日　晴

晨起做動課。早餐後客來賀壽者不絕，因是日為陰歷正月十日，為予妻四十初度之辰，諸親友來晤者不下三、四十人，并共送「莫干小學」用品（儀器、標本），約值三萬元。傍午照相、又照活動電影，晚間巍舅開演電影（鎮江巍舅多年努力之農場情況），頗多興趣，值至十時始散。

## 2月5日　晴

晨起做動課。早餐後赴岳軍宅為岳弟夫人壽，又至巍舅處敘談「生產新村」計畫。午後擇益來談，又齊鐵生來談東北協會內容，彼深贊臧啟芳為有心之人。

## 2月6日　晴

晨起做動課。早餐後李擇一來報告赴日行期（代墊付旅費三千元），又橘三郎來報告日軍對熱河準備。午後鄭性白來報告莫干小學校務，并送來廿一年度上半期決算書，予即付下半期經費洋一千元，又囑其將四日親友送來小學用品一概裝好運山，並將青島農場送來標本兩箱亦一併帶山。四時半修直來報告船津消息（船津與吉田間情形及彼等對政局觀察）。五時赴華懋飯店奧國牙醫 Biga 處治牙，伯樵親往介紹。六時赴學會開政制組例會，議決三事：（1）憲法研究小組；（2）對戒嚴令之研究；（3）國民讀本稿及組叢書之催促。

## 2月7日　陰

晨起做動課。早餐後堯年姪來報告松江祖墳被人侵佔，請求設法，予允作書，又理髮師來理髮。傍午黃任之來談，謂將於明日北行，蓋又不知受何種衝動矣。午後三時半赴牙醫處治牙。四時半至中國銀行訪公權，談「生產新村」設計事。五時半至岳軍處，得悉南京衛戍司令部對李澤益有誤會，知辦事之不可不慎也。晚間赴梁眾異宅晚餐。

## 2月8日　陰雨

晨起做動課。早餐後馬聘三來訪，又偕予妻出訪趙叔雍、王石蓀、朱炎之、朱達齋、殷鑄夫、張鎔西六家。午後作書復謝鹿君、秋岳、青甫、寓鋒、冶民諸人，又往牙醫處治牙病。晚間赴世界學院應錢新之之讌。

## 2月9日　雪

晨起做動課。早餐後姜松年（吉林人，前師大學生，現為馬占山代表）來晤，又賈果伯來談，予請其對財政為《國民讀本》起稿一課，伊允一月內繳卷，又作復書寄劉石蓀、湯愛理二人。午後二時朱鋒民引徐叔希（粵人，留美學生，現任燕京大學院長，為顏駿人所調，新自日內瓦回）來晤，予豫約鎔西、石蓀、傑才、振鷺等在宅共同討論國際形勢，三時正散。即赴牙醫處治牙。五時至岳軍宅與吳自堂會晤，即在岳宅晚飯，歸已九時半。

## 2月10日　雨雪

晨起做動課。早餐後吳稼農、李玄伯、王石蓀先後來晤。午後三時半又赴牙醫處治牙，共換鑲牙七只，計價規元249兩。晚間至和姨宅晚餐。

## 2月11日　晴

晨起做動課。早餐後陳劍塵來請求為其內弟關龍燿在兩路謀一事，關係舊杭州駐防旗人，向在東三省鐵路

服務，據說不忍視東省淪陷，願回國服務云云，予允其引來一見再說。又日人須磨來談，傍午克之來晤，謂將作泰山之遊。午後劍塵偕關龍燿來見，予勉以大義，附以後望而去。

## 2月12日　晴

晨起做動課。早餐後厚生、季實、逸農先後來晤，又岳軍偕吳達詮、錢新之來談內外時局。午後至君怡宅談敘，因是日為君怡結婚五週紀念日，即在君怡宅處晚餐，晚間至天蟾舞台看戲，係應傑才之招（言菊朋「捉放曹」，章遏雲「得意緣」，楊小樓「安天會」），歸寓已十二時半。

## 2月13日　陰

晨起做動課。早餐後孫伯剛來談，約定自本日起為真兒授課（算學、常識），每週八小時。又伯剛帶來大阪《日日新聞》一紙，日本又記載予之消息矣。又作書寄運成、乙藜二人，午後岳軍、修直、炎之來晤。

## 2月14日　晴

晨起做動課。早餐後李協和來訪，謂將赴寗就國防委員職，又張煥伯來。

## 2月15日　陰

晨起做動課。早餐後王石蓀來晤，雜談會務、政見等，約兩小時半。午後岳軍、炎之等來談敘，知岳軍將

於後日啟程，赴南昌晤蔣。

## 2月16日　雨

晨起做動課。早餐後作書復孫仿魯，正午至岳軍宅午餐，同座除何敬之、吳鐵城外，皆為芝泉同來各人。午後與達詮談對日辦法。又童峙青來要求作書，介紹周枕琴廳長，予允之。

## 2月17日　晴

晨起做動課。早餐後曹樹銘來晤，又君怡、達齋來談，午前出訪李協和談對內對外意見，因彼將於明晨赴甯也。四時轉至學會開政制、外交兩組聯會，由新會員殷亦農報告最近日本情形，又由新會員薛學潛發表製憲意見。

## 2月18日　晴

晨起做動課。早餐後日使館參贊須磨來見，稱彼知近日情形異常嚴重，東亞大局將至不可收拾之地步，惟有中國能諒解，允以長城為界，則日方可以人格相保，對關內決不加一兵，請求轉達介石。予未之允，答稱此等方案不獨政府決無接受之理，而四萬萬國民亦決不容許，彼此堅持三小時之久。其態度善言之可謂為苦求，惡言之亦可謂為威迫，并稱今日不聽彼言，異日事態擴大，必有求之不得之一日。且舉瀋變後幣原提出五項基本原則，而中國不接受，致釀成今日滿洲國之難題為例，堅持至傍午無結果而別。須磨別後，予即將上意電

介石知道，以備參考。正午在宅謙學會同人，計到李孟博、施嘉幹、陳福海、李雲良、嚴恩棫、沈君怡、何傑才、趙厚生、孫幾伊九人，午後二時半散。傍晚炎丈來晤，晚餐後至天蟾舞台看戲，係趙叔雍所請，同座有葉玉虎、馮幼偉、黃伯樵諸人。

## 2 月 19 日　晴

### 【時局方程式】

晨起做動課。早餐後伯樵來邀往看克強先生銅像模形。又季實偕褚掄記來商修改房屋事。傍午墨正、青甫先後由杭來晤。午後炎丈來談，晚間李擇一由東歸來報告在日聞見，知勢成騎虎，大難必作，無法挽救矣。今後推演結果恐難逃，予日來所想像之方程式也，可懼可懼。

## 2 月 20 日　晴

### 【致介石電】

晨起做動課。早餐後作書寄岳軍（附去劉定五來函）、定五、敬純、性白、鏡心、曉圓、彤士諸人。傍午厚生來談會務。午後君怡來談。傍晚巍舅來晤，要求作介紹書與沈志萬，介紹彼之連襟常宗會君，當即書就，面給之。是日致電介石，文錄如下：

○密。昨擇君由日偕岡田來，謂與松井在鎌倉密晤，松謂中日情形近益惡化，東亞前途至堪憂慮，蔣如能下決心用最速手段將張免職，我當在軍部方面負責幹

旋，或能挽回險惡局勢。如不能照辦，則日方在華北軍
事之進展，恐事勢推移未必即到長城而止，是時噬臍難
及。擇答此題過為重大，華北正當劍拔弩張之際，臨陣
易將，恐難辦到。松謂臨陣如難易將，預測熱河相持之
勢，張敗乃時間問題，俟其敗時即予免職，重以斡旋，
則軍事或能限於熱河區域，并謂此事祇能轉告膺、岳二
人轉達，否則萬一漏洩，恐減少斡旋力量云云。又康侯
告擇君言，日陸軍方面頑強如故，惟海軍方面見國際情
勢不良，海軍首當其衝，較多周慮等語。其他各方擇君
見者甚多，均認為勢成騎虎，無法挽回。綜察各情，參
以前日須磨之話與松井意見大同小異，可知日本戰意已
決，從前週旋接洽以為緩兵之計者，現已無此餘地，且
亦無此必要矣。兄擬暫時謝客。如何？雲叩智。

## 2月21日　晴

晨起做動課。早餐後理髮師來理髮，又作書復黃約
三。午後厚生來晤。晚間伯樵來報告將於本晚赴京。

## 2月22日　晴

【陽歷二二二，陰歷一二八，「第五十四週母難紀
念日」】

晨起做動課。早餐後程遠帆、許修直、文欽夫人、
達齋夫人、文錦、仲蘭、岳軍夫人攜其次子北平、君怡
同愉生、青甫兄、炎丈、和姨、季良、傑才均先後來循
俗禮言壽。午後若飛、續之、稼農、季實、伯樵夫人、
達齋、懿凝、廉白、劍塵、厚生、墨正亦先後來晤，直

至夜間十一時客始散。

## 2 月 23 日　晴

晨起做動課。早餐後作書復湯茂秋、張寓鋒二人，又李玄伯來報告故宮古物南遷部份安頓首都事。又程遠帆來請求為其太夫人題〈像贊〉，予即題「悲智雙修」四字與之。午後李擇一來談，傍晚與錢醫生晤（錢雋達之姪）。

## 2 月 24 日　晴

晨起做動課。早餐後君怡來報告與瓦斯公司交涉結果，又作書復寄金純孺。傍午厚生來商談會務。午後伯剛來，付伊本月份津貼。

## 2 月 25 日　晴

晨起做動課。早餐後張之江來晤談，彼對時局實不甚了了，然似受人蠱惑發為許多不中肯綮之談，予對此類人實無法使之明確真情形，蓋對楊談墨，終隔隔不入者也。午後炎之、修直、青甫等先後來談，晚間君怡來，送怡兄妹登車返甯。

## 2 月 26 日　陰

晨起做動課。早餐後岳軍由南昌返滬，來談與介石會晤種種，午後劉厚生君由天津來報告華北聞見，并帶到揖唐便函一封。晚間復羅鈞任一函。

## 2月27日　雨

晨起做動課。早餐後李擇一偕日人岡田來晤（代表松井石根），予勉為應酬之，然時態度如此，亦已無話可說矣。正午在岳軍宅午餐，遇何敬之、吳達詮、錢新之諸人。午後學生余精一由德國畢業歸來（政治經濟博士）來晤，已五年不見矣，敘談一小時別去。傍晚作書復協和、乙藜、約三三人。

## 2月28日　雨

晨起做動課。早餐後出訪玉虎、崑三、鎔浦、孟博、寰澄均未遇。正午至克之宅午餐，同座有任之、問漁、公權、厚生、鎔西諸人，午後一時半歸寓。

## 3月1日　晴

晨起做動課。早餐後達齋夫人偕季實夫人來，為季實入獄事請求設法，予因未知詳細案情，女流之輩又說不明白，祇能安慰之而去。惟同彼等請章行嚴君担任律師，當即電行嚴擬先一詢真實內容，而行嚴不在。傍午李孟博來談學會改進辦法，又函復金國珍。午後出訪行嚴，詢知季實入獄確係受冤，並知行嚴已有相當辦法可以望直，乃即歸寓電告達齋，請伊轉去安慰季實家族。傍晚岳軍、炎之、鹿君等來晤談，并共晚餐。

## 3月2日　晴

晨起做動課。早餐後作書復青甫，又厚生來談會務。午後何敬之來談北行辦法，章行嚴來報告季實可以取保情形。四時半至學會開第九次理事會常會。傍晚季實出獄，親來叩謝。晚間君怡來談。

## 3月3日　晴

晨起做動課。早餐後作書寄秋岳，託做禹陵對聯。十一時赴岳宅與達詮商對付時局辦法，因彼將於今晚赴南昌晤蔣故也。正午即在岳宅午餐，同座有炎之、仲勛、鹿君、君怡等。午後至炎宅談敘，晚餐後始歸。

## 3月4日　雨

晨起做動課。早餐後劉崇傑（外次）來報告華北及外交情形，又章行嚴、呂戴之二君來，偕往陳雪軒宅晤段芝泉，因本日為陰歷二月初九日，係段「六九」誕

辰，即在陳宅午餐，同座有雪軒、揖唐（本日初由津
到）、岳軍、克之、俊人、贊侯、眾異、靜仁、自堂諸
人。午後仲勛、鹿君、炎之等來談。

**3月5日　陰**

　　晨起做動課。早餐後閱報知承德已陷，乃共岳軍電
商應亟辦法。正午至「福祿壽」飯館午餐。午後至岳軍
宅與王揖唐談應付華北時局意見，當晚即在岳宅公讌揖
唐，同座有鐵城、洽卿、量才、新之、曉籟等諸人，
客散後又與岳弟商擬電稿（致介石，對收拾時局貢獻意
見），歸寓已十時半矣（本夜有微雪）。

**3月6日　晴**

　　晨起做動課。早餐後孟孫來晤，又讀書一小時。午
後劉石蓀偕黃鳳翔（振東，華新進出口公司經理，似係
江北人，自稱為杜月笙之門生，電一二六二七）來晤，
謂本日市場極恐慌，金價一跌百兩，對外匯兌除英倫
外，均停市等語。舉世滔滔，人類之慘，真不知所底止
矣。傍晚馬聘三、岳軍、修直、炎之、厚生、可權、石
蓀、吳蘊初、俞寰澄等先後到，在宅讌敍。（岳送來糖
果三盒）。

**3月7日　陰**

　　晨起做動課。早餐後作書寄叔汀三哥，附去洋四百
元，為哥作壽器、壽穴之需。又寄韓向方代表唐襄（佛
哉，皖人）一函，又理髮師來理髮。傍午李擇一氏來

晤，交與介石囑轉之款。午後李擇一復來報告岩松意見
三點：（一）海軍宣言表示決心；（二）熱河得手出日
人意料之外；（三）美國金融風潮均足使日軍鼻息愈荒
（即氣燄愈高之意），應注意等語。傍晚徐季實來談。
晚間赴炎丈宅晚餐。

### 3 月 8 日　晴

晨起做動課。早餐後作書復晉仁，又故宮博物院秘
書吳瀛（景洲，稼農之弟）來訪，又梁燕孫來雜談兩小
時（梁已八年不見，此老頗钁鑠也）。午後出訪段芝泉
病，又至學會開「生產新技術計設計委員會」。

### 3 月 9 日　陰

晨起做動課。早餐後作書復文叔，又寄性白一函。
傍午達齋、厚生先後來晤。午後至岳宅晤雨岩，因彼本
晨新自東京歸，在午前電話中相約也，晤談三小時之
久，內外參照仍無挽回辦法。

### 3 月 10 日　雨

晨起做動課。早餐後修直來談高木六郎求見，予未
之允。又赴岳軍處與雨岩、達詮會晤（達詮本晨由南昌
歸）。午後亦農來訪，又克之偕戈子超來談，傍晚出至
鐵城宅晚餐，同座有蔣雨岩、邵力子、孔庸之、吳達
詮、錢新之等。

## 3月11日　晴

晨起做動課。早餐後厚生、季實、可權先後來接洽屑事，又任之來談。午後岳軍、仲勛、炎之等來敘。

## 3月12日　晴

晨起做動課。早餐後顧季高君來講演〈美國金融風潮〉事，同聽者有幾伊、厚生、壽宇、克之、鋒民諸人。午後馬伯援由東京歸來報告聞見，又岳軍、聘三等來敘（是日張漢卿下野到滬矣）。

## 3月13日　晴

晨起做動課。早餐後厚生來出示亮才函，略談而去。又修直送日文報來閱，當即同往訪梁燕孫，談一小時別，并順道訪達詮未遇，留片而返。傍午訪岳軍病，又購烟三盒而歸。午後須磨來麻煩，予以極冷淡之態度對之，談半小時而去。未幾，壯華由甯來談青島海軍事，又巍舅偕禦秋、惠宇來談世界政治經濟變狀。

## 3月14日　晴

晨起做動課。早餐後橘三郎由津來，報告在津聞見，國人之不爭氣，真是言語道斷。傍午擇益來談，謂將於本午與根本博談話。午後厚生偕陶遺來敷衍。又劉石蓀來出示內田敬三來電，問我出處，並盼望劉赴東一行，蓋見報載予將出任華北某職（實則並無其事），鈴木貞一託其打電來詢也。予即坦白告以無此事而去。傍午偕予妻至君怡、克之兩宅。晚餐克之處，同席有邵力

子、張我華諸人。

　　【跳入火坑北平】

## 3月15日　晴

　　晨起做動課。早餐後李擇一來報告與根本博談話要點：（一）佯攻；（二）盼陳公俠來談。予囑其往見岳軍接洽。午後俞寰澄來談經濟。傍晚至傅筱庵宅（霞飛路一一八九）讌會，同席有何茂如、任筱山、楊嘯天、徐聖禪諸人。

## 3月16日　晴

　　晨起做動課。早餐後壯華為青島海軍事又來陳說種種。傍午與厚生往觀鄰屋，決定學會搬移事由伊負責考慮。午後青甫由杭出示最近所作〈國防經濟對策〉一文，又達詮來談北局及幕賓處事。傍晚公權來談與子文會晤情形。

## 3月17日　晴

　　晨起做動課。早餐後赴岳軍宅與陳公俠談對日辦法，知南京皆南轅北轍、本末倒置，真是無法救藥。又在岳宅晤顧墨三、李明揚、高凌伯等，午後修直來告日使有吉欲約期會晤，其意欲送一片面保證書（保證不入長城，彼此諒解）與我政府，此種仙人跳手段（變相之停戰協定、變相之滿洲國承認），予斷然拒絕之，不允與之會晤。又秋岳、聘三先後來談糖業與汪（精衛）到埠情形。傍晚至學會開政制、外交聯組會（改組後第一

次），經兩小時而散會。

## 3月18日　晴

　　晨起做動課。早餐後整理文件。午後至炎丈談敘，又至永安購買用品。是日何豐林、任筱山先後來訪。

## 3月19日　晴

　　晨起做動課。早餐後性白由山來報告校務，并決定明白由伊帶愉生到山入校。又劉厚生來商，謂將有旅行，又劉石蓀來出示內田敬三電報，略稱我與劉從速赴東一行為得策等語。此必係鈴木貞一等突發之片面思想，如何能行，故亦緩詞推却之。午後至岳宅探病，蓋岳軍近日係受感冒而對公務又不愜意，故心病與身病俱發也，予特往安慰之（岳軍決定明日入院）。

## 3月20日　晴

　　晨起做動課。早餐後雨岩由保定歸，傳述介石意：（一）對日意見；（二）予赴北平（北平市長始以為謠言，至此始知內容，介石之隨意辦法真是可驚）。當即偕往療養院與岳軍同商：對（一）決定由我約岩松、根本二人會晤；對（二）表示拒絕。正午即在病院中午餐。餐畢歸寓，電約李擇一來囑其往約岩、根二人明晨來談。又吳立凡由賓來，傅墨正由杭來晤。

## 3月21日　晴

　　晨起做動課。早餐後擇一偕岩、根二人到，會談

兩小時，彼此頗為近情，根本君并告奮勇，決定親赴
津、灤各地負責接洽。談畢客別，當即驅車赴病院與
岳軍商酌電文拍發介石接洽。正午即病院午餐，午後
歸寓。馮若飛偕彭醇士來訪。又岳軍飭人送暢卿電
來，知華北日方軍事佈置咄咄逼人，岩、根二人之意
見，真乎？否乎？除於二星期後事實證明以外，別無
他法，好在我方腳踏實地與之審慎週旋，當無害處
也。晚間伯樵夫婦來談。

## 3月22日　雨
【孫隆吉來訪】

晨起做動課。早餐後理髮師來理髮，又亞農由蘇來
晤談。午後作書復喬耀漢、凌壯華、陳志賡、易寅村四
人。又陝人孫經棟（隆吉，立法委員兼宋明軒駐滬代
表，寓霞飛坊114號，電話70768）轉來蕭仙閣來電，
報告宋部在喜峰口作戰情形。傍晚梁冠英由信陽來電，
因密本在山，未曾譯出，因電話託克之轉告，請用他種
密本再電。

## 3月23日　雨午後雷聲
【禹廟楹聯】

晨起做動課。早餐後赴伯樵宅偕往訪陳鑑岐談半小
時歸。亞農、石蓀在焉，談至傍午始別。午後撰成禹廟
楹聯一對，當即錄原稿寄金湯侯君託其就近飭匠製造，
因尺寸過大運輸不便故也。憶自前年春謁禹陵，見廟塌
像，傷心殊不安，擬發起募捐，而湯侯諸君乃能於箔稅

下抽成約九萬餘元，以竟其事，真是可感可佩，茲錄其聯句如後。

　　十三載過門不入，隨山刊木，奠定神州，念生於斯，長於斯，聚族於斯，華胄綿綿，盡是我先生遺澤。

　　四千年廟貌重新，駬牡告虔，聿脩俎豆，祝歲無恙，民無恙，邦畿無恙，小心翼翼，永承此鉅典明禋。

　　此對上聯係一星期前成句，而生於斯下三句最難屬對，窮思數日終未得愜意之句（有德不朽、名不朽、神功不朽，民猶是、國猶是、主權猶是，踐此土、愛此土、捍衛此土等句，終嫌重複而不自然），昨晚就寢時，偶得歲無恙、民無恙……之句，本日稍加潤飾連貫之，總算勉強續成矣。


## 3月24日　雨

　　晨起做動課。早餐後達齋、修直先後來接洽瑣事。傍午偕雨岩訪岳軍於病院中，遇唐有壬并知精衛來滬內容。午後克之來告將往山東遊歷。


## 3月25日　晴

　　晨起做動課。早餐後李擇一君來晤談，傍午至新新公司購買山上用籐家俱，正午至華安午餐，午後汪精衛來訪，予至誠至懇獻其忠告，談一小時別去（彼將於今晚入京，聞介石亦乘飛機到京）。當即至病院與岳軍接洽，而岳軍之見解，尚不免囿於個人立場，不能如予之純，可以國家為對象而發言也。傍晚回至炎丈宅晚餐，餐後九時半歸寓。

## 3 月 26 日　雨

晨起做動課。早餐後寄兒晉仁來晤，又偕伯樵同至江小鶼宅看克強銅像，似較上次看已進步多多（較為近似，未能逼肖），乃歸寓午餐。午後作書告曉圓（關於克強銅像事）。又叔魯由北平來偕擇一、震修來訪，談悉：（一）東北軍依舊不易收拾；（二）河北經費已擴至月七百萬，蓋北局之善後亦正未易言也。

## 3 月 27 日　晴

晨起做動課。早餐後出訪任筱山未遇留片，並送伊舊作四冊。又訪岳軍談時局對策，歸訪抑卮、新之、烈卿均未遇。午後鹿君、炎之來晤談。

## 3 月 28 日　晴

晨起做動課。早餐後遠帆來談，知已辭去南京市財政局長職務，又至中國銀行結束前年所訂「編遣庫券」合同事（贖回祁齊路契據）。午後達齋來託往辦理一八關券事，又至岳宅談赴甯接洽事件（岳軍將於本晚赴甯）。傍晚至炎之宅晚餐。

## 3 月 29 日　晴

晨起做動課。早餐後克之來談北行事，予作書為之介紹岳、暢二人，請其引見介石一次。又亦農來談日本情形。午後梁鴻志來請求為其姪女證婚。又徐季實來接洽添建書房事。

## 3月30日　晴

　　晨起做動課。早餐後，擇一偕岩松來談，又作書寄梁子超、吳景洲、三哥三人。傍午達齋送匯杭票據來。午後炎丈來報告與法工部局交涉建屋情形。是日春氣甚佳，當即與炎丈出外散步，走到炎丈宅茶點，雜談至晚飯後始歸（是日託伯樵運出山用行李十二件）。

## 3月31日　晴

　　晨起做動課。早餐後季實來接洽畫圖事，又新之來、揆初來，均為山上公益會房屋建築墊款事（又厚生來領復興經費），十一時李擇一偕日人內田勝司（東亞興業社常務取締役，商學博士，糀町區丸ノ內一丁目二番地）來談。午後作書寄寅村轉去石曾來電一件。傍晚至中社參加李孟博君所召集之交通、技術兩組聯組聚餐會，予演說勉勵同人培養知、情兩方面。餐畢歸，在社門口遇朱子橋，立談片刻而別。

## 4月1日　晴

晨起做動課。早餐後楊暢卿兄由南京來述最近政情：（一）汪已復職；（二）外交和緩；（三）財政暫從舊；（四）地方政局議而未決。午後讀馬聘三著之《糖業復興計畫書》，徐青甫著之《國防經濟方案》。

## 4月2日　晴午後雨

晨起做動課。早餐後岳軍由甯歸來述政情，大致與昨日暢卿所說相同，惟對提早憲政一層略加補述，然最刺動我者厥為蔣、汪二人商議，欲予出長北平特別市，并有已派唐有壬代表到滬來徵求同意之說。嗚呼！國事至此，不從大計著想，專從事於小刀細工之辦法，予真不知其可，乃將予胸中醞蓄傾倒直說。岳軍無法，電邀暢卿來會商，予仍坦白的直陳意見，結果暢、岳二人亦說此種辦法，公私均未見其可。遂決定不見唐有壬，由岳軍轉圜之，談二小時而別。傍午靜芝、傑才、青甫先後來談，午後至一品香為梁眾異之姪女與黃秋岳之弟竹生結婚，行證婚禮。

## 4月3日　晴

晨起做動課。早餐後岳軍派人送精衛函來，事雖不情，意尚可原，擬作一簡單函復之以顧人情。又十一時修直偕有野來談，謂芳澤謙吉欲赴甯謁蔣表示敬意，囑為先容予以緩詞，却之。午後作書覆精衛、有壬、峙青、壯華諸人，又墨正來談。傍晚至學會開講演會，請蔣竹莊君講〈墨學一般〉，頗合時代精神，

散會已七時半。

## 4月4日　晴

　　晨起做動課。早餐後厚生來接洽會務，又理髮師來理髮。傍午墨正來，帶杭行李一件。午後修直來報告與芳澤晤談情形，又暢卿來談將赴南昌，又亮才由甯來晤，傍晚伯樵送車票來。

## 4月5日　晴

　　晨起做動課。早餐後赴北站乘七時半車赴嘉興，十時半到，當即改乘船赴俞家匯掃墓（在車站遇大二兩姪，彼等於昨日已去掃墓，本日知予來，乃在車站候，遂再同往）。午後繞至九里匯掃外家墓，歸至車站已午後六時，遇仲勛姻丈知彼亦掃墓歸來。傍晚七時乘車赴杭（與伯樵同車），十時到，下榻於湛侯學兄處。

## 4月6日　晴

　　晨起做動課。早餐後，出訪青甫（託存款事），是日為陰歷三月十二日，乃青甫兄誕辰，予送席票廿元。又訪三哥，知彼病體甚衰弱，予安慰之，請伊專心調治，予當擔任醫藥之需，又訪墨正，參觀彼之新居，十時半歸寓。岳軍在焉，談對汪、蔣函電意見，正午偕岳軍、湛侯及三家小孩等至泰和園午餐。午後雇舟遊劉莊，遊畢至西冷飯店答訪岳軍。傍晚歸寓，墨正、文叔先後來訪，十時就寢。

## 4 月 7 日　晴

晨起做動課。早餐後又偕湛侯夫婦同乘馬至岳坟，又仲勛來訪，談至九時半辭別登車赴莫干。傍午抵學校，即下榻焉。正午伯樵亦到，先參觀小學，繼共午餐。午後伯樵上山，予遂稍事休息，傍晚諸教員談敘，又朱連長來訪。晚餐後與巍舅派來指導改良蠶絲之陸先生談敘約半小時。

## 4 月 8 日　雨

晨起做動課。早餐後磨墨寫大字，寫成校訓一方「勤儉忠慎」四字，將裝裱以懸諸川堂，又寫門牌一方「私立莫干小學」六字，將飭匠描製以懸諸門前。午後伯樵下山返杭，來校小敘而去，又作書復乙藜、果伯二人。

## 4 月 9 日　陰

晨起做動課。早餐後攜三小孩（二官、愉笙、小真）並偕予妻及四教員（性白、競心、肖才、汪君）上山至白雲山館小憩，又至鐵路飯店午餐，午後四時下山返校，在山上遇鄭遠安、李有功等工頭，分別囑做零星修補工程。

## 4 月 10 日　晴

晨起做動課。早餐後作書寄敬純、青甫、湛侯（催《國民讀本》海陸空各課）、三哥（附去醫藥費二百元）、理源五人。午後率眷遊莫干嶺。傍晚在操

場看學生運動。晚間與諸教員談敘，予演講「師日救
國」大意。

### 4月11日　晴

　　晨起做動課。作書復汪詡雲、葛湛侯二人。又李
有功領去工程費貳佰元。午後朱連長偕保安處派來檢
閱官施覺民（新吾，台州人，黃埔二期生）來訪，談
本山防務。

### 4月12日　晴

　　晨起做動課。早餐後作書復叔魯、擇一二人。傍午
得介石、暢卿來電各一通，介電中有「舉世處境最艱苦
者莫弟若」之句，閱之歡然。午後分別復介、暢二人各
一電，允稍緩當摒擋一行，赴南昌面貢一得之愚。傍晚
寰澄由混赴山過庚村來參觀學校，晚飯後與諸教員雜談
半小時就寢。

### 4月13日　陰

　　晨起做動課。早餐後得嵩雲姪函，知三哥病勢加
重，擬提早返杭。又付性白學校經費一千五百元。傍午
巍舅由杭來參觀學校，并視察蠶桑改良指導工作，又寰
澄由山返滬過校來談。午餐後巍、寰同車赴杭，予至汪
家村近傍散步。傍晚王有芳來談山上衛生事宜。

### 4月14日　陰

　　晨起做動課。早餐後得岳軍來電、修直來信，均報

告南北局勢不佳，當即分別各復，擬定明日予妻先返滬接洽。午後至中村訪張競心君之曾祖老太太（即張義和老東家之妻，今年已八十九歲）。傍晚沈昌由滬赴山過庾村來晤。

## 4 月 15 日　雨夜間徹夜雷雨

晨起做動課。早餐後予妻率小孩等乘車返滬，予乘轎上山，先至山館視察、又至電報局付賬，復至唐宅視察。正午在鐵路飯店讌客，商議夏季衛生事宜，同座有抑厄、有芳、雲蓀、幼山、作民及孫工程師。午後三時下山得介石寅電要求我以私人名義北行，當即復電：謂原則誼不容辭，辦法不久晤面後詳商。

## 4 月 16 日　雨

【三哥逝世，嗚呼！吾手足兄弟姊妹共七人，今則僅存予一人矣】

晨起做動課。早餐後偕性白出訪朱連長，接洽兵士木床事，又整理行李預備午後赴杭，午後一時五十分抵湛侯宅。四時訪青甫兄。五時半訪問三哥病，至則知三哥已於本日午後三時去世，相差僅數小時，未能再謀一面，無任慘歉，登樓見三哥肉體安臥床上，三嫂見予至，狂跳痛哭，予極力安慰之料當即令二姪偕予同至傅宅見墨正，面託代為照料後事，復折至青甫兄宅。

## 4 月 17 日　陰

晨起做動課。早餐後墨正來報告與三嫂接洽後情

形，十時乘特快車返滬。四時一刻岳軍來談大局。傍晚炎丈、和姨偕來談。晚間岳軍又來報告與精衛晤談各情，知介石有組織「行政院華北政務整理委員會」之意，并將任命黃季寬為委員長，下設外交、財政、軍務三處，外交處長有擬劉子陔說。

## 4月18日　雨

晨起做動課。早餐後整理旅行中各處寄來函件，又作復寄索田、稼農、剛毅、亞農、國藥五人，午後至炎丈宅談敘。

## 4月19日　陰

晨起做動課。早餐後岳軍、石曾先後來商談時局。又蘭兒來晤。午後擇一偕岩松、根本來訪，根本報告北行情形，未幾，岳軍亦來列席討論，傍晚始散，由岳軍電告當局。晚間作書復克之、塵蘇、炳訓三人。

## 4月20日　陰

晨起做動課。早餐後厚生來領學會經費（總務科二〇八〇元，津貼雜支二千元）。又岳軍來談北局組織意見。又理髮師來理髮。又柴東生代表韓向方來晤，攜到向方函一件，談山東情形。午後墨正由杭來報告助理為三家兄治喪情形，傍晚至陳卓人宅晚餐（晚間岳軍電話請示，謂滬有電來邀入京，予允之）。

**4 月 21 日　晴**

　　晨起做動課。早餐後電約根本博來談。午後李擇一來談。晚九時赴岳軍宅，十時同至北站上車，在站遇新之由寗來，述及精衛對張主持華北意見不甚贊同，仍有要我去之意云云。

**4 月 22 日　晴**

　　晨八時抵南京，汪院長派曾仲鳴君來站接，即同至鐵道部官舍與汪晤談，同座有公俠、岳軍二人，值至過午始散。結果仍責我大義，強我出山，由汪、岳各電蔣。午後沈立孫來晤，又出訪乙藜。

**4 月 23 日　晴**

　　晨起做動課。早餐後偕岳軍出訪震修，彼意北行未始不可，非對外有共同決策，相互間有民元精神（返老還童）不可，予然之。正午至乙藜處午餐。午後訪汪見蔣復電，似尚猶豫未能即決大計。晚間岳軍又得蔣電，催往南昌，末附一句曰：「二兄偕來，尤所盼企」之語，岳乃一再慫恿，予亦未能即決。晚間與公俠談，相與嘆息者久之。

**4 月 24 日　雨**

　　晨起做動課。早餐後柴東生、錢乙藜先後來訪。十時偕岳軍赴湯山浴溫泉，路過陵園，見有所謂「中央委員新村」，規模堂皇、禁令森嚴（僅許中委在內建築居住），不料民國而復見紫金城之舊觀，真是奇事。午後

四時回城，八時開江天專輪赴九江。

## 4月25日　雨

晨起做動課。因大霧，船在蕪湖停四小時，與岳軍在船中談制度問題。午後與同船何浩若（孟吾，湘人，留美畢業，現充何芸樵秘書長）君談時局，多半為剿匪問題。

## 4月26日　晴

晨起做動課。早餐後與岳軍雜談。午後一時半抵潯，陳鳴夏司令來接，先至大華飯店休息。四時半開一專車赴南昌，晚八時到，天翼主席來江邊接，下榻於貢院背三號，當晚與暢卿詳談。

## 4月27日　晴

晨起做動課。早餐後天翼、暢卿、雨岩、有壬來共商大局至午始散。午後吳禮卿來談皖政，三時至百花洲總司令部與介石談北局。六時歸寓晚餐。餐後答訪雪竹、稚暉、石曾三人。

## 4月28日　晴

晨起做動課。早餐後介石來答訪，對談一小時：（一）相互間之認識；（二）黨政軍步驟一致；（三）對外限度。彼此意見似已完全相同矣。正午至中國銀行午餐，午後介石又來談（共談者有岳軍、暢卿、有壬、雨岩、天翼諸人）。晚至天翼家晚餐，遇達詮由北來

談，悉日兵後撤各情。

## 4 月 29 日　晴

晨起介石來電邀往共早餐，未幾，岳軍、雪竹亦
到，復邀天翼、達詮來，再商北局，九時半散。十時至
天翼處復談團體組織問題，天翼遂再往訪介石，結果再
召集敘談一次，同座七人（介、白、翼、岳、暢、雨、
達），正午始散。回至天翼處午餐，午後過江登車赴九
江，當晚寓國民飯店，其鄰為日本小學，海軍正假用其
園中擊劍，強弱奮怠之不同，閱之慨然。

## 4 月 30 日　晴

晨起做動課。早餐後陳鳴夏、金九如等來談，十一
時登舟（招商局江順）東返，同船有岳軍、雨岩、有
壬、凌伯諸人。是晚輪抵安慶，有安徽保安處長唐雲山
（劉峙舊屬）來登船，因無房間，其少校副官吳醒吾率
其護兵令其出木壳槍實彈示威，滿場皆失色。嗚呼！國
難至此，匪亂至此，而有此現狀，予不忍言。

## 5月1日　晴

　　晨起做動課。早餐後與岳、壬諸人雜談。正午船至南京，靜芝、亦農來接，仍寓揚子飯店。午後往訪精衛，談二小時歸。傍晚震修、立孫、乙黎先後來訪，晚餐後精衛來答訪，出示介石來電，對北局組織主張嚴格有權威，十一時登夜車返滬。

## 5月2日　晴

　　晨八時抵滬，伯樵在站接。

## 5月3日　晴

　　晨起做動課。早餐後達齋來談，未幾，岳軍由京歸來談。十一時李擇一偕康侯來談，正午至德國飯店午餐，與汪翊唐談。午後擇一又偕岩松、根本二人來談，根本出示鈴木來電一通，知大意。傍晚亞農來訪，又張竹坪偕米星如君來談，共起一談話稿，豫備發表之，以免新聞記者之麻煩。晚間伯樵來託兩事：（一）徵求叔雍意見；（二）函達伯誠，又靜芝紹介其內弟王大綱來充譯電員，頗覺練達穩妥。

## 5月4日　晴

　　晨起做動課。早餐後達齋來談，九時王長春偕有吉公使來晤，十一時新聞記者襲來談話，略告以對華北意見而去。正午至岳宅賀壽，遇鐵城談：（一）密本與情報；（二）借用殷亦農；（三）轉達孫哲生。午後孫隆吉送來蕭仙閣一電，又傅沅叔來晤談。傍晚贊堯來

晤，晚間克之來報告北行經過詳情。

## 5 月 5 日　晴

晨起做動課。早餐後修直、遠帆、伯群、蘭兒先後來晤，十一時至岳宅晤潤田。午後石蓀、劉厚生、擇益、亦農、義舫來訪。傍晚又至岳宅商北行時期。

## 5 月 6 日　晴

晨起做動課。早餐後橘三郎來晤。又理髮師來理髮。午後三時出晤根本博，探知關東軍新企圖。五時鎔西、任之先後來談。傍晚赴學會讌會，相互勉勵，九時半始散。

## 5 月 7 日　晴

晨起做動課。早餐後公權由京歸來談，又新之來晤，偕往段宅敷衍段芝泉，談約半小時歸寓。十一時半長卿來晤，交與學會賬據、捐冊、支票本等。午後吳自堂、魏海樓、段連凱同來訪，又克之來接洽公務，傍晚孟和、季良先後來晤。

## 5 月 8 日　晴

晨起做動課。早餐後擇益、康侯由京來談，又齊鐵生來報告東北軍內容，又震修偕叔魯來談華北近情及財政狀況。午後出訪吳自堂、薛子良（託電煥章）何克之三人。傍晚有壬、震修再來談，并電邀擇益來談，因日方已決心再幹，聞已有「中止交涉」之訓令，不能不詳

為討論。晚飯後，齊鐵生、王長春來晤。

## 5月9日　晴

　　晨起做動課。早餐後出訪叔魯，十時歸來，徐新六來談。十一時宋任東來談平津公安局事。傍午王伯群來報告敬之在華北情形，午後至拔可宅晤根本，又震修來談，承齋來晤。

## 5月10日　陰

　　晨起做動課。早餐後橘三郎送閱吉田茂來電，又周靜齋、陶星如、何克之先後來談。午後震修送來北平財委會匯到經費四萬元，又擇益、亞農、石蓀先後來辭行，分別出發。傍晚出訪潤田未遇，又訪雨岩、文欽夫人、岳軍夫人，即順道至鐵城宅晚餐，遇譽虎、桂莘、子橋、庸之、梯雲、儒堂。

## 5月11日　晴

　　晨起做動課。早餐後達齋、墨正、季良、張莘夫先後來晤。十時行嚴來談外交。十一時煥章派鄧哲熙、李興中二人來訪，聞李有左傾之說，不知確否。午後潤田來答訪，又擇益偕康侯來辭行，晚間厚生來接洽會務。又庸之來談子文在美情形，及馮、閻內部情形。

## 5月12日　晴

　　晨起做動課。早餐後出訪叔魯、震修、石蓀、擇益、贊侯諸人，歸寓與厚生、君怡談。傍午又出晤根

本，因北部戰事又起，敬之、季寬來電情急詞迫，故與
之談緩和方法也。午後橘三郎送回電來閱（關東軍參次
岡村電及吉田茂、松岡洋右電）。傍晚擇益來報告豫備
出發及今後通信聯絡情形。

## 5月13日　晴

　　晨起做動課。早餐後作民、石曾、震修先後來
晤，午後擇益、克之、立夫、鐵生、文欽亦先後來接
洽種種。

## 5月14日　晴

　　晨起做動課。早餐後出訪庸之、右任未遇，訪伯群
談北局及滇黔情勢，并交我敬之來電一通，歸途順訪岳
軍夫人。歸寓理髮師來理髮。傍午有壬代表精衛來接，
又秋岳來談聯絡事。午後整理電稿及衣件，又伯樵、君
怡、厚生先後來談，傍晚姜松年來晤。晚十一時登車北
行，同行者僅傑才、大綱。

## 5月15日　晴

　　晨抵京即至鐵道部晤精衛，十時出席國防會議，決
定大體方針，汪對外交似頗衝突，力表示其負責決心。
正午在鐵道部應宴會，適墨正由北平來報告北局危險，
岳弟託轉達意，要我緩行，予思國家危急至此，不能再
為個人打算，斷然北行。午後訪鈞任、果夫、楚傖、覺
生、哲生（出門未遇）等，六時渡江北行。

## 5月16日　晴

是日在車中頗清閑，不似連日之忙碌焦慮。傍晚抵濟南，韓主席向方來接，同至省府晚餐。餐後談大體方針，於十時開車赴津。

## 5月17日　晴

晨十時抵天津新站，于主席孝侯來接，車抵站時，約半里前橋下有人擲炸彈一枚，蓋以為予車必至老站也，幸在新站下車，未受損害。當午在省府午餐，並接見仲漁、直卿、習恆、克之、維宙、達詮、季鸞、遠伯、揖唐、伯苓、慈約及劉敬輿諸人。午後二時開車，五時抵平，來接者頗多，一一握手後，即入豐澤園稍憩，後至居仁堂訪敬之，談一小時歸。

## 5月18日　晴

晨起做動課。早餐後見各軍關係者，知前線戰況甚危急。午後復與敬之、季寬、岳軍、伯誠等商談，未能即得途徑，并接見新聞記者。

## 5月19日　晴

晨起做動課。早餐後揖唐來談二小時別去，又見其他各客。午後復在居仁堂開會。

## 5月20日　晴

晨起做動課。早餐後得各方報告，內外兩方情勢複雜而急迫，日飛機十一架環繞平空，真是憂慮。午

後石蓀、亞農、擇益等先後來報告危急情形，因是日有名趙敬時者，持利刃在交民巷日兵營前刺傷日兵步哨一名。軒然大波，奔忙一天，勉強鎮靜，然究不知何方面人所為。真是數十人維持之而不足，一二人破壞之而有餘，可嘆。

## 5 月 21 日　晴

晨起做動課。早餐後八時衷甫來談，九時九峰來晤。午後三時擇益偕日海軍武官藤原來晤，總算稍得線索。是晚在居仁堂開軍事會議，列席者有宋哲元、龐炳勛、商震、沈鴻烈、萬福麟、徐庭瑤等卅餘人，知軍心不固、士氣不振已達極點，通州方面尤為危險。嗚呼！實力如此而猶唱高調，真是誤國之尤。

## 5 月 22 日　晴

【徹夜痛史】

晨起做動課。早餐後因日方提出抗議，又奔忙終日，且觀居仁堂方面，已不能安居，日兵有來襲之勢。天津方面復報告明晨有日兵五百名將開來北平，通州、順義兩縣復迭電告急，不得已決定離平，擬後移駐長辛店，乃召集在平各委員會議，略加暗示。至晚十一時，得汪電堅囑補救。予遂與季寬商決，冒萬險而為最後之奮鬥，偕李擇一夜電邀中山代辦、永津武官會於藤原武官私宅，徹夜談判，心酸膽裂，勉擬定《覺書》四條（停戰初步），散已次晨天明。是夜吸雪茄九枝，啤酒四杯，明知傷害身體，不得不借此力以資支持。

## 5月23日　晴

　　晨六時由藤原宅歸至居仁堂，急急與敬之、季寬諸人商應、否？結果接受談判，後撤之說作罷（聞彼等行李已均上車矣）。傍午通告日方，將派徐燕謀為停戰全權員，派赴密雲。午後分電報告南昌、南京，不料傍晚《北平晚報》發出號外，日方謂我無誠意，幾乎翻案，經多方解釋後始諒解。

## 5月24日　晴

　　晨徐燕謀來請示，乃紹介擇益會晤，并約定晚間由擇一帶領燕謀與永津見面。

## 5月25日　晴

　　晨起擇一趕來，送來日方提出新《覺書》一通，又是軒然波浪，予堅決拒絕，說明事實上不可能之理由。後日方讓步，仍照原定程序，代表於九時半出發（日方永津、藤原，我方燕謀、擇益）赴密雲。傍晚七時歸，報告經過比較圓滿，亦無難堪之事，同人始稍稍安慰。

## 5月26日　晴

　　晨起偕墨正至中央公園看芍藥，好花如故，而空氣緊張，亦祇能藉以散步而已。歸寓早餐，孟和、爾和等先後來談。午後得贛、審兩方電，知中央又被英美外交所誘惑，同時張家口有獨立之訊，西南有響應之說，均已發通電反對停戰，故中央復變堅決態度而為游移之詞。故晚飯後，親起一長電稿致介石（電稿另存），擬

明日與岳軍等商後即拍發。

## 5 月 27 日　雨

　　晨起做動課。早餐後偕克之出訪宋明軒，打聽張垣消息，八時半歸。擇益偕藤原來晤，未幾，電邀敬之來談，與藤原會面。午後孫殿英代表盧志英來訪，又羅隆基、李宗弼（向方代表）、濮紹戲（杭人，次宸秘書長）來晤。五時半至擇一寓所與永津、藤原會晤，談兩小時而歸。嗚呼！辦事之難也。

## 5 月 28 日　晴

　　晨起做動課。早餐後岩松（義雄）、岡田（有民）有晤，予為之紹介何敬之。午後酒井由東京來與予及岳軍談兩小時，關於停戰問題，彼方意旨已可窺見其大半。晚間十一時周大文電話報告，謂外間謠言本晚便衣隊暴動，已飭公安局嚴行戒備等語。予電居仁堂，敬之不在，電戒嚴司令部庭五不在（謂在某處打牌），召傑才，謂出外飯局未歸。

## 5 月 29 日　晴

　　晨起做動課。早餐後擇益來報告，並約集敬之、岳軍、哲民同至擇一寓所，與永津會晤，交換具體意見，并談進行順序，正午始散。午後在居仁堂豫備一切手續、各代表委任狀、訓令，又開一代表團會議，面加種種注意。晚間在豐澤園中叫理髮師來理髮。

## 5月30日　風陰

晨起做動課。早餐後習恆、子陔、遠帆、叔雍、仲勛、文欽、孟憲章（派赴張垣）等先後來晤。午後三時接見北平各團體代表。

## 5月31日　陰

晨起做動課。早餐後習恆偕高木六郎來晤，正午得塘沽電，謂「事妥暫秘」，心中稍定。午後出訪吳子玉，在吳處晤江朝宗談半小時，復至翠花胡同沐浴，并與岳軍、墨正在該處晚餐商談善後各事。晚十一時歸至居仁堂，候塘沽代表歸，十二時一刻到，聽其報告完畢已深夜一時半，乃回豐澤園就寢。

## 6月1日　晴

晨起做動課。早餐後岳軍、有壬、擇一等來談。正午至居仁堂與敬之共讌各代表。午後修直、叔雍來談，晚間召開內部會議（克之、仲勛、擇一、傑才、墨正、文欽），討論予此次名義上所擔任之「行政院駐平政務整理委員會」之組織問題，十時半散會。

## 6月2日　雷雨

晨起做動課。早餐後岳軍、敬之、有壬在此密商，今後外交、軍事、財政及北平市各問題。午後沈昌、直卿（沈為平綏路事，直為李際春事）、達詮來晤。

## 6月3日　晴

晨起做動課。早餐後西班牙公使（領袖公使）及美國公使先後來訪，午後韓向方代表李宗弼來談。五時蕭仙閣來報告軍情（對內的醞釀）。

## 6月4日　晴

晨起做動課。早餐後習恆來談，又賈焜庭由津來商煥章事。午後至大取燈胡同看顏駿人房屋（與袁守和晤）。復至翠花胡同沐浴。傍晚岳軍、仲勛來翠花胡同共晚餐，是晚即寓翠花胡同。

## 6月5日　晴

晨起做動課。早餐後意大利代辦及巴西公使先後來訪。下午擇益偕酒井來談，并為之紹介敬之。傍晚岳軍

來談，彼將於本晚啟程南行，故託其代達外交、財政、
軍事、治權等等困難。岳動身後，邱公瑾來接往彼寓
晚餐，與段先生（學道者）晤談，雖世外人亦頗有獨到
之見，且道貌儼然，至足佩也。在座有敬之、庭五、哲
民、保廉等，聞皆為其門弟子，十時半歸。

## 6月6日　晴

晨起做動課。早餐後橘三郎由滬來訪，九時丁在君
來談，介紹常少藪，謂可與劉多荃說話。九時半丁紹伋
來晤，託代達雨岩（對於外交意見）。十時直卿偕王琦
（景韓）來告與孫殿英晤談情形。十一時眾漁來談。午
後孟永之來晤，託其再往張垣力勸煥章收帆，并帶去夏
布、茶葉等禮物四種。四時財整會委員姚鋐（景庭）來
報告十號前所急需之百萬元已籌妥。晚八時劉子陔來說
明與南京經過情形。

## 6月7日　晴

晨起做動課。早餐後鹽務署稽核所蔡國器、保德成
（法籍）來報告鹽稅情形。又水淇偕今關由滬來晤談，
悉白鳥外放內容。十時法使韋禮敦，十時半德使，十一
時俄參贊均先後來晤。正午哲民偕徐次宸來晤，并並
午餐。午後習恆來談，三時直卿偕馨航來晤，談孫殿英
事，又殷桐生君由青島來晤。傍晚赴居仁堂與敬之接洽
張垣事。晚間至英國使館讌會（藍使讌其海軍提督）。

## 6月8日　晴

　　晨起做動課。早餐後胡惟德來訪。九時張水淇君偕今關壽彭由滬來晤。十時以後分見諾威、葡萄牙兩公使。傍午揖唐來談。午後常紹襄來談東北情形（常蔭槐之姪，丁在君紹介）。

## 6月9日　晴

　　晨起做動課。早餐後仲漁來談孫殿英事。又曉東、蘭江均由津來晤，又理髮師來理髮。午後馨航來談孫殿英事，嗚呼！外患未了，內部又起糾紛，中國人真無法自拔乎！可嘆孰甚！傍晚季鸞由南京北歸，略述南中近情。

## 6月10日　晴

　　晨起做動課。早餐後九時伯誠來談，與之商北平市長事。十一時馨航來晤，仍為孫事。正午至克之寓所讌適之及其他學界諸人，因適之將於明日離平赴美也。午後馮軍長欽哉來談，態度極為安詳，實陝將中後起之秀。

## 6月11日　晴午後大雨

　　晨起做動課。早餐後擇益、文欽先後來晤。十時赴香山飯店與內田勝司詳談，并在該處午餐。午後雷雨交加，二時後始止。三時回城，四時震修由審到來晤，與之商財務處事，彼堅拒不受，僅允為我在傍援助。

## 6月12日　晴

　　晨起做動課。早餐後出訪傅宜生、徐次宸二君，談一小時而歸。劉定五君持煥章函來訪，依然要價還價。午後天津商會會長、銀錢業代表等六人來會，表示「代表人民對保全平津，力挽危局，致敬意」。又馨航、直卿來談，傍晚鮑挺九來晤，六時半永津武官來談。

## 6月13日　晴

　　晨起做動課。早餐後德國國防軍塞克脫氏來訪。九時至翠花胡同與鈴木貞一氏詳談（二人對談四小時，蓋彼新由東京來，現為日本新勢力之斯他林也）。午後二時歸，吳家象（仲賢，遼寧人）來晤，又訪敬之與之談日本情形，並電告汪、蔣。

## 6月14日　晴

　　晨起做動課。早餐後日人野崎由津來晤，又內田勝司來辭行歸國。十時揖唐來談。十一時胡政之君由津來晤。正午赴春藕齋敬之之讌，同座有秋舫、仁山、桂莘等人。午後震修來談。傍晚永津來晤，詳商灤東收復辦法，並對李際春部交換意，值至晚間九時別去（永津在予處便晚餐，食時彼詳詢廚役是南來或北雇，並詢侍役是否舊人，是何心理，真是可笑）。

## 6月15日　晴

　　晨起做動課。早餐後九時半赴八處胡同與鈴木貞一作二度談話，並在該處午餐，請震修、桐生、亞農、石

蓀、擇一等作陪，計二人對談三小時（兩次談話，已得
其要領）。午後三時半歸，沈覲鼎來辭行。傍晚七時赴
王庭五宅招讌，同座有劉敬輿、萬壽山等位。

## 6 月 16 日　雨

晨起做動課。早餐後美海軍參贊來訪，又哈瓦斯社
總經理來晤。十時于孝侯來訪，十時半韓向方又來，蓋
二君今日同車由津來參與明日就職典禮者也。談至正
午，向方別去，孝侯在予處午餐。午後石蓀來偕赴六國
飯店訪鈴木貞一（此為第三次談話），談二小時歸（彼
將於明日回國，彼送來茶器一套，予以舊畫一張、翠飾
一件還答之）。

## 6 月 17 日　晴

【行就職式】

晨起做動課。早餐後震修來，謂即日將回審，予無
法挽留之。八時半即赴舊外交部（即現作本會會址之
所）行就職典禮，并即開第一次委員會議，議畢攝影，
稍憩，又召集全會職員訓話，并行啟用印信禮。正午在
外交大樓讌全體委員及高級職員，午後二時半歸稍憩，

【下令宋哲元回察任】

三時半，下令宋哲元回察任。傍晚又至外交大樓
讌客。

## 6 月 18 日　晴

晨起做動課。早餐後出訪韓向方、于孝侯二人，

十一時歸。大內暢三來晤，傍午劉之雲由張垣歸報告情
形。午後擇益來商今後應付外交辦法，傍晚李石曾由南
來談，七時赴萬宅讌會（各軍長官公讌），九時半歸。

## 6月19日　晴

晨起做動課。早餐後柴東生來談，九時偕程蓮士答
訪美、德、法、俄、西班牙、葡萄牙、丹麥、巴西八國
公使或代辦，正午歸。午後高凌伯來談，彼將返贛，託
伊轉達此間困難情形。傍晚傅宜生來談，晚間因克之、
叔雍來報告對新聞記者鬩鬧事無法解決，予大為衝動。

## 6月20日　陰

晨起做動課。早餐後夢麟、爾和先後來訪，均為新
聞記者事來勸慰。石蓀由津歸報告聞見。午後季鸞由津
來詳談，又劉玉樞來晤，張遠伯來談救濟戰區事及研究
李際春問題。傍晚，宋明軒來談（戈卓超同來）察省政
府改組事，又何敬之來訪談，晚餐後沐浴。

## 6月21日　晴

晨起做動課。早餐後吳景洲來談故宮事，石蓀、亞
農來雜談，又理髮師來理髮。傍午文欽、遠帆先後來談
財政局事，遠帆又發現不痛快。正午王伯群由京來共午
餐。午後開灤總經理英人納遜來（協理趙天麟同來，
君達，津人）。又楊天度、黃孝平、波多博、下條、橫
田、沈立孫等先後來晤。晚間，鮑局長來報告本晨東城
軍人開槍，日人抗議之交涉經過。

## 6月22日　晴

晨起做動課。早餐後陶尚銘、劉定五先後來談。傍午景英夫人由滬率真兒到平，孟和兄全家來敘談。午後敬之兄及其夫人亦同來訪。傍晚至藤原宅讌會，由予作東請中山、原田、藤原、擇益四人（本請永津，因彼赴關東缺席），蓋回念上月廿二日晚之事，亦一悲痛之紀念日也。

## 6月23日　晴

晨起做動課。早餐後橘三郎、修直、孫子涵、章佩乙先後來晤。十時半石蓀偕武田來談，帶到石友三函一件（武田自秦皇島來），光怪陸離真是不可窮詰（李際春為關東軍所卵翼，石友三為駐屯軍所卵翼）。午後大橋熊雄參謀由津來為電車乘客開槍事，奉命來辦交涉，談一小時半別去。又湯爾和來談亦為此事，真是麻煩得不可言狀。

## 6月24日　大雨

晨起做動課。早餐後聶偉成、張直卿先後來由津來訪，十時中山謙一偕其書記官原田來談，仍為乘車軍人開槍事小題大做，得寸進尺，予未之允，囑再考量，談一小時半別去。午後邱鴻鈞、酈克莊（敬如）來談，又敬之來晤。傍晚克之秘書長來商定天津市長一節之應付辦法。

## 6月25日　晴

晨起做動課。早餐後亞農、墨正等先後來晤。午後馬伯援君由漢口來商談張垣事，予寫一名片請其代表再往勸煥章。五時半張敬純代表梁冠英由鄂來，出梁手書，予復電慰勉之。傍晚熊秉三君來談戰區救濟事，知社會方面之籌款亦正不易也。

## 6月26日　晴

晨起做動課。早餐後八時半岳開侁來晤，又北甯路副局長許文國來談（許為遼寧青年中之秀者，乃予在北大當講師時之學生也）。九時半谷九峰來晤，予亦懇其親赴張垣勸導煥章，谷君慨允，惟言無把握耳。十時半中山謙一又為乘車軍人開槍事來麻煩一頓，無結果而散。午後李石曾來，匆促告辭南行。又石蓀偕日人中野英光（陸步中佐，駐濟南，與石友三事有關）及武田來談秦皇島方面胡協武部事，滿地雜屎均要我掃，真是苦痛，然亦不能不自責我同胞之爭意氣而不識大體也。

## 6月27日　晴

晨起做動課，早餐後薛松坪由津來談，悉李鶴庠走入岐途之經過，蓋亦政治與社會人情逼成之，情殊可憫。松坪允往勸導，予甚感之，先給川旅費二千元。又慕霖由津應召來告以與日人接洽通車之經過，并加以注意（勿利用英美以刺激日本）。午後內政部警政司長李松鳳來見，為特種警察事來談一小時。五時見財務處人員。

## 6月28日　雨

晨起做動課。早餐後英使藍浦森來談，又恩克巴圖委員來晤。十時半赴協和醫院與叔魯談二小時而歸（對政務、外交、財政均有討論）。

## 6月29日　雨

晨起做動課。早餐後馬伯援由張垣歸，帶到煥章來信，并傳述種切，知此事一時不易即了。又魯若衡來談時局，頗有見地。正午亞農、石蓀由津歸來報告與駐屯軍參謀會晤經過。午後政務處副主任吳家象帶領科長三人來見，予加以勸勉。五時永津武官來談（永津初由關東歸），態度已較前大和緩。傍晚命李擇一、殷桐生、雷葆康三人赴津接洽。

## 6月30日　晴

晨起做動課。早餐後夏秘書頌來，來談戰區救濟會進行程序，又叔雍科長因父病來告假。傍午刻石蓀來談。午後傑才帶領陳華寅來見（陳，蘇州人，留美哥崙比亞學會計，由予介紹于介石）。三時沈司長士華（蕉南之婿，予任駐德公使時之館員）來，偕赴北京飯店答訪德國國防將軍塞克脫，又呂習恆來談。傍晚黃約三君由津來晤。

## 7月1日　雨

晨起做動課。早餐後燕大校長美人司徒雷登偕傅涇波來訪。十時俄大使來唔。十時半谷九峰君由張垣歸來，述談話經過，一言以蔽之，未曰要領而已。正午讌王伯群、恩克巴圖兩委員，共邀在平委員作陪。午後與敬之、明軒商談應付張垣事。四時財務會議開第一次會，予致詞勗勉之，又赴留東陸海軍同學會之歡迎會演說、攝影、茶點而返。傍晚永津來談並共晚餐。

## 7月2日　晴（星期日）

晨起做動課。早餐後偕夫人攜真兒及小芳同赴頤和園遊覽，袁市長文欽引導。正午敬之兄夫婦亦來（伯群亦同伴），乃共午餐後與伯群在船中談西南政情，四時歸。沈局長立孫來報路事及平漢辦公處長易人問題。六時赴戢勁成兄宅晚餐，同座有鄒岳樓（作華）、胡凌塵（毓坤）、龐更陳、熊哲民諸人，晚九時半歸。

## 7月3日　晴

晨起做動課。早餐後出訪亞農未遇，又訪叔魯談一小時半歸。十一時長蘆運使荊有岩來訪，午後鹽務署長朱體仁偕曾景南來訪，又中山代辦偕原田書記官來探青島沈市長辭職事，予惡其有干涉內政之嫌，以極冷淡之態度對之，談半小時別去。

## 7月4日　雨

晨起做動課。早餐後批閱公文。十時國聯代表薩慕

里來談。午後日本駐天津總領事桑島來訪，又程仲漁來商孫殿英部西移事，又張伯苓來報告華北運動會事。晚八時永津武官來談判乘車軍人開槍事件。

## 7月5日　晴

晨起做動課。早餐後李雪夫來談，李為奉天人，在德曾會過。九時半傅主席宜生將回綏遠原任來辭。十一時比國公使來。正午至克之宅午餐。午後擇一帶陳覺生來談，陳為廣東人，曾與汪、閻有關係（擴大會議時代），最近半年竟走入歧途與李際春、潘燕生合作，力加勸導似有所感動而去。傍晚接見王卓然（東北大學代理校長，留美畢業，遼寧之新分子）、王兆南（新聞記者）。

## 7月6日　晴

晨起做動課。早餐後影佐由津來訪，此人為板垣助手，在津做反動工作甚久，將歸國。又亞農來晤。午後直卿、戈定遠（戈將赴甯擔任辦事處長）、克之等來談。

## 7月7日　晴正午大雨

晨起做動課。早餐後譚技正炳州來晤。九時出訪魯若衡談時局，又訪伯誠商青島市長事及南行事，並順道到會所與秘書長及幫辦談會務。正午歸寓，王維宙來接洽公務。午後三時永津舊武官、柴山新武官正式來訪。四時周秀文由濟來（似係克之邀來）商青島市長事，推

荐克之，予甚苦笑而未與答覆。六時赴歐美同學會，應
魯若衡之讌。七時至春藕齋與敬之同讌永津、柴山。

## 7月8日　晴

晨起做動課。早餐後鄭介民來談（文欽介紹，蔣派
在京特別通信員，粵人）。十時叔魯來商談財政，十一
時吳仲賢偕蒙王八人正式來謁見。午後偕予妻出訪王伯
群夫婦。四時意人巴里第（郵務司）來見。傍晚凌溥伸
來訪（新聞記者），七時至外交大樓讌全部新聞記者，
到一百二十餘人。

## 7月9日　晴

晨起做動課。早餐後偕予妻出城赴香山先訪直卿，
談時局。正午至芙蓉坪應商啟予君之召，同席有敬之、
伯群等夫婦。午後遊山至雙清別墅晤熊秉三並攝影。五
時歸寓，殷桐聲來商戰區接收程序。晚間范壬卿（暢卿
介紹）來談張垣事。

## 7月10日　晴

晨起做動課。早餐後開戰區接收會議，敬之亦列
席。十一時馮煥章派孟永之又來說不得要領之話。午後
伯誠率領省市兩黨部重要人員五人來訪（內有董霖，號
為公，頗好）。又汪彥儒來謝委。晚間讌請參諮人員。

## 7月11日　晴

晨起做動課。早餐後陳覺生二度來談，岡田有民同

來談一小時別去。十時出訪比、俄、日各使館。午後日海軍武官佐藤由滬來訪。四時劉石蓀來談。五時孟和偕章元善來商戰區救濟會事。六時程克由沙城歸來，報告孫殿英部開拔事。晚讌秘書處下各青年職員，東海之婿許大純（號少堅，留法學土木工程）可造之才。

## 7 月 12 日　晴傍晚雷雨

晨起做動課。早餐後擇一、石蓀先後來互相攻訐，予諄諄誥誡，為之和解，結果尚好。嗚呼！辦事之難也。午後電邀克之來與之懇談及勸告。六時赴熊秉三宅晚餐。

## 7 月 13 日　晴晚間大雷雨

晨起做動課。早餐後保定警備司令祝紹周（芾南，杭人，舊十六軍參謀長）來訪，又美國參贊德兌達來訪。十時半至居仁堂與敬之接洽孫部西移、張垣近狀及財政問題。午後閻百川代表李子範來晤，又湯爾和來談。傍晚橘三郎來談，出示吉田私函。晚間在春藕齋與敬之同讌佐藤、藤原、岡田諸人。

## 7 月 14 日　晴

晨起做動課。早餐後克之又因青島事來獻殷勤，亞農來談。

## 7 月 15 日　晴

晨起做動課。早餐後日海軍軍令部本田司長偕藤原

來訪，嚕囌青島海（軍）、市（政）兩問題。又韓達齋
來談時局。十一時周作民由滬歸談戰區救濟事。午後趙
炎午、唐圭良、張賓五、徐佛蘇等先後來談。

## 7月16日　晴

　　晨起做動課。早餐後整理文件，傍午出訪呂習恆
未遇（呂君現寓糖房胡同八號，予從前之舊宅也，園
中松樹予所植者仍極憔悴），繞至象牙胡同仲勛姻丈
宅午餐。午後殷桐聲由津歸，報告戰區接收事。又柴
山武官來出示東電。傍晚夏秘書頌來來商量戰區救濟
委員會開會事。

## 7月17日　晴

　　晨起做動課。早餐後戰區新任各縣知事十餘人來謁
見，予加以注意及勉勵。九時半亞農偕中野（濟南駐在
武官）來談石友三部事（現駐秦皇島附近，約千人，與
李際春同類）。十時孝侯來訪，接洽各種政務，並報
告「東北軍西移」運動。午後三時胡海門（冀省委）、
四時于孝侯、四時半湯爾和（談東北軍）、五時馬伯援
（談馮煥章）、六時劉子楷（回南告辭）、六時半殷桐
聲來談。

## 7月18日　晴晚間大雷雨

　　晨起做動課。早餐後訪敬之談察事。又李擇益、雷
葆康由唐山歸，報告與喜多、李際春交涉改編叛國軍情
形，適柴山來，乃邀與之共商（柴山允午後與擇益、葆

康同赴唐山協助交涉）。午後撫審劉縣長、灤州張縣長來謁，予勉勵之。又出訪潘馨航君，談兩小時而歸。晚間與仲勛、亮才談內部改革問題。

## 7月19日　晴

晨起做動課。早餐後理髮師來理髮。十時李石曾君由南來談，知子文在歐活動之梗概。下午危苞濱、沈亞華、何克之、何亞農先後來訪談。

## 7月20日　晴

晨起做動課。早餐後李石曾再來談，似欲為子文說法。十時橘三郎來。又劉厚生來允下月初旬赴牯謁蔣。傍午嚴侶琴來談，知歐美對遠東無可如何之實況。午後直卿、立孫來晤。

## 7月21日　晴

晨起做動課。早餐後赴會所開「華北戰區救濟委員會」成立會，予為主席，正午始畢。午後日海軍司長本田來談青島事，日人之露骨干政，真是可慮。傍晚約三由津來談，又孫子涵（呂智恆同來）來報告天津市政府事。

## 7月22日　晴

晨起做動課。早餐後馬伯援來出示煥章函，談察哈爾問題，苦無結果。午後鍾秉鋒（交行經理）、沈眉士（達齋之甥）、王軍原先後來晤。晚赴爾和兄宅晚餐。

## 7月23日　晴

　　晨起做動課。早餐後赴香山，在周作民別邸與作民、石曾討論時局，予坦白爽直盡抒所見，而石曾始終空中盤旋，真是莫測高深。午後二時入城，孟和在寓候，雜談至傍晚別去。

## 7月24日　晴

　　晨起做動課。早餐後整理文件及起要電兩通致蔣。午後朱伯淵來談，允於下月五、六日赴牯晤介石。四時王尹溥來談、又沈職公、劉玉樞來晤。五時蕭言川來訪（精衛介紹，黨員）。傍晚丁性存由牯來，帶到雨岩手書，知外交內情。晚七時赴日武官柴山之讌。十時又赴俄大使館之讌。

## 7月25日　晴

　　晨起做動課。早餐後聶偉臣、美人蘭安生（協和衛生主任，新自日本歸，述其鄉情甚詳）、胡政之、中山謙一先後來談。午後眾漁送來孫殿英照片。四時柴山來商接收戰區及對察問題。晚訪叔魯（談南下準備）。

## 7月26日　晴

　　晨起做動課。早餐後赴會所開「政務整理委員會」第二次常會，正午始散。午後朱枕薪、根本博（新由滬調來）、何豐林等先後來談。傍晚常紹襄來報告何柱國、王維宙由牯歸來，東北軍人知漢卿一時不能歸來，對中央頗有怨望，並知將派員四出有所醞釀，主

持者為萬福麟。

## 7 月 27 日　晴

晨起做動課。早餐後谷九峰來談對商調解。又呂習恆來商，為亡友敬興購坟地事，予捐四千元交呂。下午芳亭由濟南帶到向方函，又介凡由宣化來報告馮方積極準備之情形。晚七時赴日使館中山代辦之讌。

## 7 月 28 日　晴

晨起做動課。早餐後美國觀光團（女八男四）來訪談一小時半，頗率直坦白。又齊世英由京來，帶到果夫手書商東北大學事，當即電詢介石意見。午後路透及《紐約時報》記者來訪談半小時別去。

## 7 月 29 日　晴

晨起做動課。早餐後張直卿來，帶到李鶴翔信一封，又魯若衡來談。十時半赴會所開戰區救濟會常務委員會，午後一時半始散。午後柴山來告關東軍武藤司令逝世，後繼者為菱刈隆大將云云。又根本偕《讀賣新聞》記者殿田來談攝而去（殿田係鈴本貞一介紹來）。

## 7 月 30 日　晴

晨起做動課。早餐後偕仲勛及妻兒同赴西山，在廟中亭內商南行事。正午至西山飯店午餐，桐聲由榆關來報告交涉接收經過，共午餐後稍息半小時入城。晚間赴居仁堂與敬之接洽察局。

## 7月31日　雨

晨起做動課。早餐後仲勛、擇益、亮才、墨正均先後來商南行準備，予并囑擇益對日立言範圍。傍午雷葆康由唐山來，對於保安處問題主張由哲民充當。午後易寅村、朱枕薪先後來談（付朱一千元，開辦通訊社）。

## 8月1日　晴

晨起做動課。早餐後文欽、墨正、（韓）達齋等先後邀來接洽留守事件。午後小山來談長城（1）各口警備；（2）關內外郵政；（3）山海關等處海關等問題。四時半秦紹文來談察省問題。五時半崔唯吾（中央宣傳部派來）來談新聞、郵電檢查問題。七時公權由滬來共晚餐，談至十一時始別。

## 8月2日　晴

晨起做動課。早餐後理髮師來理髮。又桐聲、擇益、敬之各位來接洽公務。午後直卿、馨航、爾和諸人來晤。又約根本來談，並切實紹介桐聲。

## 8月3日　晴

晨起做動課。早餐後整理行裝，十時約柴山來晤，知日軍又將有事於多倫，雖由於煥章之惹禍，而日軍之不可一世之氣概，實亦令人難受。午後克之、墨正、鹿君、文欽來談。傍晚至春藕齋赴敬之邀讌，同座有伯群、伯誠，讌畢歸即出西便門登車赴漢。

## 8月4日　晴

晨起做動課。早餐後在車中與仲勛、傑才等談敘。午後車抵鄭州，蔣鋤歐（素心，湘人，現任鐵甲車隊司令）來訪。

## 8月5日　晴

晨起做動課。早餐後閱讀隨身帶來未閱文件，午後一時車抵漢口，岳弟主席偕曉圓、伯釗、浩森諸兄來接，借用總司令部漢口行營休息半天，分別與中日新聞記者相見。又雪竹主任、賈廳長等先後來訪。晚九時登江安輪赴潯，碼頭人為之滿。

## 8月6日　晴

晨起做動課。早餐後九時輪抵九江，警備陳司令派小輪來接，至岸一握手，即改乘汽車赴廬山。正午抵牯嶺（途遇介石，又天翼派彭醇士來接），下榻於蘆林卅九號屋（蓋介石代為賃定也）。四時出訪介石、天翼、暢卿諸人，並在暢卿處晚餐，約有壬、雨岩、天翼來談。

## 8月7日　晴

【高木陸郎之自由紀錄】

晨起做動課。早餐後鍾伯毅來訪略談片刻，介石即來訪，乃為之介紹伯毅，一握手，伯毅即別，予與介石登樓談兩小時半，專談外交經過，十時四十分別去。又岳弟偕靈炳來訪，談半小時。傍午至暢卿處午餐，同座有達詮、天翼、有壬、岳軍諸人。午後吳立凡來訪。又高宗武偕徐公肅、吳頌皋二人來談，高君交我〈高木與我談話紀錄〉32頁，荒謬亂載，跡近招搖，日本之所謂支那通，大半犯此病。然竟在瀋落於警廳之手，轉輾由高君手俾予親見一讀，從可知發言宜十萬萬分謹慎，

見客亦宜十萬萬分謹慎也。

## 8月8日　晴

晨起做動課。早餐後出訪岳弟夫婦，並在岳處遇俞樵峰，又訪潤田未遇，訪夏靈炳，談半小時。午後赴天翼宅遇立夫（年卅四，兩鬢已斑）。至五時半介石來天翼處相會談外交結論，並談察哈爾問題。至七時四十分介石回宅，予赴吳盧應達詮招讌，同座有揖唐、潤田、有壬、岳軍、暢卿、天翼、雨岩。

## 8月9日　晴午後雷雨

晨起做動課。早餐後九時介石來談，于學忠電請添編保安隊九千人問題、河北省府移保問題、華北財政問題、東北大學問題，十時半別去。梁眾異、曹潤田、王揖唐、黃文叔、高宗武均先後來訪。午後唐有壬、張岳軍、楊暢卿來談。傍晚冒雷雨赴吳達詮宅，應雨岩公使招讌。

## 8月10日　晴

晨起做動課。早餐後出訪陳果夫、程天放、陳立夫、戴季陶諸人。正午至介石處午餐，午後文詔雲、吳立凡來訪，並偕詔雲出遊含鄱口，見太乙岩與鄱陽湖對映，雄而且秀。

## 8月11日　晴

晨起做動課。早餐後介石來信約往牧馬廠談敘，是

日彼在該處督保衛團演習山戰，演畢至鐵船峰遊覽，該
處岩石為廬山之冠，峻峭異常，有當年在意大利遊維蘇
維火山之感。正午在一亭頂野食，同座除我與介石外，
有天翼、岳軍二人，大伏天之正午，在太陽直射下野食
亦一樂事，食畢歸遊黃龍寺，有大樹三株（柳杉二、娑
羅一），又遊黃龍潭，遊畢回至暢卿處談聚。傍晚精衛
由牯飛到，即往訪之，在精衛處又遇介石、雨岩、暢卿
諸人，談二小時而歸（外交、財政）。晚間精衛來答
拜，又談華北軍政各情形，十一時半別去。

## 8月12日　晴
### 【大雷】
　　晨起做動課。早餐後八時抵介石寓，與精衛、介石
二人談二小時，彼等對予所陳對外國策幸能採納一致，
總算此來所獲結果國家或尚有救，談至十時復相偕至天
翼宅會議，除我與蔣、汪外，有唐有壬、張岳軍、熊
天翼、楊暢卿（共七）諸人列席，對外方策決定以對俄
為對象，運用日英美，此外對於北平軍警移調、財政安
排，均有相當決定。正午回至介石宅午餐（除會議七人
外，有雨岩、益智及陳景韓、劉厚生）。午後大雷雨，
有一雷擊傷予住39號之管屋人腿部，滿室皆紅，天感
可畏。晚間至天翼宅晚餐，再與精衛談敘。

## 8月13日　晨大雨
　　晨起做動課。早餐後協和、精衛、有壬、岳軍、暢
卿先後來談，除協和外均留共午餐。正午于孝侯由津

到，亦加入餐敘，午後三時散。傍晚至暢卿處商議于孝
侯應付策，並共晚餐。

## 8 月 14 日　晴

晨起做動課。早餐後胡捷三來談孫殿英軍西移事，
又出訪精衛（汪下山特往送）、孝侯。午後再出訪揖
唐、協和、雨岩及魯若衡諸人。晚間在吳廬晚餐，同座
有孝侯、（朱）伯淵、（方）立之、達詮、岳軍、暢
卿、協和、（朱）益智諸人。

## 8 月 15 日　晴

晨起做動課。早餐後理髮師來理髮。又津人王固磐
來談（警官校長）。正午至天翼宅應岳軍、天翼之招午
餐，席間孝侯之愚蠻態度畢露（因灤東設專員問題），
頗使人不快。午後答訪介石，談一小時而歸。晚間壯華
由港歸來，報告與東北逃艦三艘接洽經過，並共晚餐。

## 8 月 16 日　晨雨

晨起做動課。早餐後電邀立凡來談（北平公安局
事），又赴暢卿處與岳弟談。午後孝侯來訪。傍晚暢、
岳二人再來共晚餐，談至十時始別。

## 8 月 17 日　晴

晨六時起，行李先出發，七時訪介石共散步至51
號天翼寓所，在一峭壁之後避開侍衛談一小時半，乃下
山乘江安赴霤，舟中遇宣傳謨、邵元冲。

## 8月18日晴

【酒多失態應力誡之】

晨起做動課。早餐後整理物件，十一時船抵甯，精衛派褚民誼秘書長來接，即在褚宅午餐（參觀褚君所研究之運動品）。午後訪林子超主席（談一小時）、居、于兩院長（于未遇）及葉楚傖君。晚間在精衛處晚餐，同座有鈞任，彼此酒多失態，應誡之。晚十一時乘車返滬。

## 8月19日　晴

晨起做動課。早餐後七時五十分抵真茹站，伯樵、君怡來接，中外記者先後三批來見，又鐵城、厚生來談。下午亞農由東京歸來報告各節。四時赴海格路晤坂西談兩小時，又與李擇一談，量狹似有不愉之色，蓋用人之難也。晚歸沐浴（今夏為第四次沐浴，自笑亦復自憐）。

## 8月20日　晴

晨起做動課。早餐後仲勛來談。九時根本博來晤。十一時楊嘯天偕杜月笙來談，君怡、厚生、仲勛共午餐。午後三時半唐有壬君來談。五時半至學會開談話會，來參者甚踴躍。七時半散，即赴修直兄宅與有吉公使共晚餐，值談至十一時半始散。

## 8月21日　晴

晨起做動課。早餐後厚生、子良、應星先後來晤，

又出訪擇一。午後仲勛、修直來談。晚間君怡、伯樵、仲完來晤。

## 8 月 22 日　晴正午雷雨

晨起做動課。早餐後至徐家匯上車赴杭，午後一時到，湛侯、玉農來接，即改乘汽車赴山。在杭站遇新聞記者，要求談話，予謂欲報告之事，滬報已經發表，此外實無話可說。但覺回到家鄉來，一種特有之太平景象與和藹空氣實使我非常安慰，同時又非常羨慕，希望諸位要擁護只個太平景象，要愛護只個和藹空氣。言畢，即上車。五時到山，青甫兄嫂及炎丈均來晤談。

## 8 月 23 日　晴

晨起做動課。早餐後莫干小學在學生五名自動來訪。又鄭性白、楊肖才、張兢心等由庾村來，湛侯兄夫婦由杭州來共午餐。午後鄭、楊、張返庾村，湛侯等下榻予寓。又出訪青甫、炎之、靜江三家。傍晚靜江、嘯林先後來談。又徐培根由杭來晤，又馬占山代表姜松年（姜為予之學生）來約時間共與馬會晤。

## 8 月 24 日　晴

晨起做動課。早餐後馬占山來談，又管理局長余則民、鐵路飯店張光倫先後來訪。午後仲勛由杭州來晤（是午錢新之君讌）。

**8月25日　晴午後雷雨**

　　晨起做動課。早餐後至公益會察看房屋並召開董事會，會畢即至鐵路飯店讌客（為葉揆初君六十壽）。午後歸寓，錢新之來談，吳承齋兄之子來山要求種種，予力闢之，蓋社會不可增此風也。

**8月26日　晴**

　　晨起做動課。早餐後仲勛下山，公安局長張幼山來談，王有芳來晤。午後至青甫兄處雜談，傍晚俞寰澄兄由滬到山來訪。

**8月27日　晴**

　　晨起做動課。早餐後出訪曹雲浦君，正午至張嘯林宅午餐，同座有俞逸峰、王曉籟諸人。午後談家事，頗不悅。四時吳晉（少祐，殷同生、黃伯樵介紹）由滬來訪兩小時半，傍晚六時半始別去。

**8月28日　晴午後雷雨**

　　晨起做動課。早餐後鄭性白由學校來，付與下學期經費及建築費四千元。又寰澄、青甫來談。午後出訪寰澄並偕寰澄訪朱子橋，冒雨往還。可謂敬老之至，一笑。

**8月29日　晴**

　　晨起做動課。早餐後訪吳晉，至菜根香旅館後，知吳已於前一刻鐘下山。正午在澄兄宅午餐，午後整理行

李及付清零星賬目。

## 8月30日　晴

晨起做動課。早餐後青甫兄嫂來送行，予即起程下山，在庾村學校小憩，即乘汽車赴杭。抵杭站時，呂廳長、何局長、葛湛侯諸君在站接送。午後二時一刻到梵王渡下車，伯樵、君怡來接。抵家後電邀公權、震修、叔魯先後來談，晚間君怡夫婦來晤。

## 8月31日　晴

【與子文談】

晨起做動課。早餐後厚生、達齋、石曾及王長春、李擇一、許修直等先後來晤，又理髮師來理髮。正午震修來共午餐。午後公權來偕往訪宋子文，談三小時，對既往經過似尚諒解，對今後辦法尚未能得有結論。宋子文（一面年富力強，一面少壯氣盛）對國家事不虛心、不靜氣，是其缺點。晚間與叔魯談，并電告蔣、汪告以與宋會晤情形。

## 9月1日　晴

　　晨起做動課。早餐後達齋來託辦各事。又子文來答訪談兩小時，統觀兩次談話，彼有觀察不確實之點二，為己身執拗之點一，此可慮也（一、彼確信二年至四年間，太平洋必大戰；二、彼確信大戰結果，日本必敗，夫以今日殺人利器之日益兇慘，誰亦不敢輕易言戰，究竟大戰何日起，誰能豫料。彼確信之，未免武斷。且大戰即起，日本即敗，究竟起時我國境象如何？結時我國安危如何？均不暇顧，未免太為感情衝動之論。至其執拗之點，尤有死灰復燃之慮，蓋彼抱定與國際合作而獨除日本之成見故也。可憂可憂）。午後，叔魯來訪談。

## 9月2日　晴

　　【周靜齋、臧卓波】

　　晨起做動課。早餐後周靜齋、臧卓波先後來晤談。又須磨來刺探消息，惟態度較前稍好。午後出購煙，並至炎丈宅晚餐。

## 9月3日　雨大風

　　晨起做動課。早餐後訪叔魯。十一時至學會開團會，到僅六人，談至午後二時始散。是日景英率真兒由山歸來，故伯樵、君怡等均來晤談。

## 9月4日　晴

　　晨起做動課。早餐後出訪段芝泉。又公權來談。午後至史量才宅茶點。

## 9月5日　晴

　　晨起做動課。早餐後湛侯、壯華由杭到，僅匆匆一握手，亞農、厚生及郭秉文等先後來談。正午至岳弟夫人宅午餐，午後四時至海格路725李宅接見海軍杉板司令、齋藤武官及海軍中佐岡野俊吉、新聞記者波多。晚間至杜宅應月笙、嘯天、嘯林之約晚餐。

## 9月6日　晴

　　【子文與山下】

　　晨起做動課。早餐後亞農、湛侯來談。午後王固磐來談警官教練事。又武田雄忠由東京來報告子文過日本時與山下龜三郎談話情形，真是出人意外，可謂個人中心之至矣。

## 9月7日　晴

　　晨起做動課。早餐後得暢卿電，知牯嶺會議情形，介石能負責主持，總算難得，國家或尚有救。傍午王長春來報告（殷亦農、李擇一）等在外情形。午後王子琦公使來訪，談在歐時聞感。又日武官楠本中佐來表敬意。傍晚孫伯剛來約定同往北平服務。

## 9月8日　晴

　　【高維褘】

　　晨起做動課。早餐後修直來約，日使有吉求見，又因北平公安局易長問題，何敬之等大有困難，紛電各方轉圜，故為應付此事及起稿覆電等忙碌半日（稿另

存）。午後高維褘（振宜，子白之姪，康悌路光裕坊四
號，80299）、張竹平等來談。傍晚赴陳蔗青宅應吳達
詮之約，是日飲酒較多，以後應戒。

## 9月9日　晴

　　晨起做動課。早餐後有吉公使來晤，談稅率與美棉
出售問題，意若有可作交換條件，然予因未便插嘴，故
不之應。十時子文來訪談牯嶺會議大概，及對於華北財
政用人辦法。午後叔魯來打聽消息，談一小時別去。傍
晚唐有壬君由牯嶺歸，詳述牯會經過結果極佳，蔣、汪
二君能如此負責主持大計，我垂危之國家或尚有救，聞
此會有紀錄五項，已電汪抄寄：（一）外交；（二）財
政；（三）五全會；（四）任期；（五）○○。

## 9月10日　晴

　　晨起做動課。早餐後顧逸農由青島來晤。又仲勛、
傑才來談北歸日期。正午至錢新之宅午餐，主人為錢新
之、唐壽民、胡畢江三人，同座有公權、淞蓀、馥生、
遠伯、修直、達詮諸人。

## 9月11日　晴

　　晨起做動課。八時公權來共早餐，餐畢文欽電到，
報告昨晚深夜何應欽忽派憲兵司令邵文凱、衛戍司令部
參謀長某同往市府迫新任公安局長請病假。九時叔魯來
談財政改歸中央辦法，及更邀有壬來共商。傍午又邀擇
益來談對外週旋。午後起覆電稿數通，應付北平公安局

事。晚間厚生來談學會移屋事。

## 9月12日　晴

晨起做動課。早餐後叔魯又來問北平消息。十時戈定遠君由京來訪，商談宋明軒地位。又李擇一來報告昨夜與外賓應酬情形，五時黎校長照寰（交通大學）來訪，商談唐山校舍發還事（由李際春兵佔用）。

## 9月13日　晴

晨起做動課。早餐後朱達齋來報告，謂已允擔任市銀行代理經理。又叔魯來談應付北平公安局易長風潮。午後康選宜來訪。

## 9月14日　晴

晨起做動課。早餐後習恆兄由平到，詳述北平近情並帶到克之、涵青來函，與公安局事件出後之平報數頁。又叔魯、擇一先後來晤。十時半魯若衡來談，捐去中學部建築費壹仟元。正午後橘三郎來訪，報告日本外相內田康哉已辭職，新外相為廣田弘毅（前駐俄大使，聞為法學博士寺尾亨之學生，現年五十六歲，幼時貧學，曾為前駐華公使山座氏家之書童云）。又青甫、炎之等來晤。晚間得平電知公安局事，由文欽令第一區祝署長暫代，此乃為軍分會方面所逼苟且敷衍之法。

## 9月15日　晴

晨起做動課。早餐後習恆來談，又乙藜由京來晤，

商北平市教育經費事。又公俠次長又京來，帶到汪院長
函，來商應付華北騷動事（彼此約定贊成蔣孝先代理接
收）。又陶念新由平到來，報告平公安局問題之背景
與黑幕，帶到桐生節略。又叔魯來發牢騷一大堆，此公
有膽識而多猜疑，處此時局亦不免也。午後理髮師來理
髮。又修直來報告在外聞見（大半為沈能毅所述）。傍
晚習恆來共晚餐，餐後與乙藜商代表赴牯嶺接洽辦法。

## 9月16日　晴

晨起做動課。早餐後擇益偕根本由甯到談參小時，
知柴山與敬之及劉多荃等之談話內容。午後陳公使任先
來談。又汪院長由京來晤談：（一）北平軍分會問題；
（二）北平公局問題；（三）稅率改善問題；（四）山
西易建廳長問題。

## 9月17日　晴

晨起做動課。早餐後叔魯來談，不免稍有失望之
情。十時半至蒲石路774號答訪汪院長，商談政整會
改組辦法。午後沈能毅代萬福麟來聲辯。又王叔鈞來
訪晤。

## 9月18日　狂風慘雨隔籬倒，縱有鄰墻不避風

晨起做動課。早餐後叔魯來晤，云將先北返。又習
恆來談。晚間伯樵來報告與蔣伯誠會晤情形（蓋伯誠新
由平來，將為各方解釋也）。

## 9月19日　風雨

晨起做動課。早餐後直卿由北平來詳談華北表裡兩面情形，彼等多方要挾，予嚴拒之。午後蔣伯誠亦由北平來代表，敬之表面勸駕速歸，裡面刺探，洗刷威脅蓋兼而有之。五時姜松年代表馬占山由北平到，亦來陳述平情。

## 9月20日　晴

晨起做動課。早餐後根本博君來晤談：（一）北平公安局問題；（二）中村司令擬於雙十節到平正式訪問；（三）察哈爾糾紛；（四）岡村（關東副參謀長）來平問題等等。午後姜松年再來談。傍晚陶念新、趙叔雍先後來談（叔、新由平歸，帶到桐生函）。晚間王叔魯來訪。十時客盡，草覆電稿六通，十一時半就寢。

## 9月21日　晴

晨起做動課。早餐後作電稿覆各方。午後魯若衡來談（託墊付金城洋三千元）。傍晚作民來晤，適予出門擬往答訪伯誠，遂偕往長談，至七時半散。至君怡處晚餐（君怡、伯樵兩家同作主人），同座有周靜齋、趙叔雍。

## 9月22日　雨

晨起做動課。早餐後湛侯由杭來談。十時魯若衡來告彼昨晚送伯誠行，在車站談判情形。午後王長春來報告將飛新疆視察。四時根本來晤。

## 9月23日　雨

晨起做動課。早餐後唐佛哉（韓復榘代表）來晤，代韓聲辯。又許修直來報告聞見。午後唐有壬次長由京來，帶到精衛手書。三時顧季高來談經濟。四時半偕內人同至孔庸之宅茶會。

## 9月24日　陰

晨起做動課。早餐後秋岳來談：（一）京方擬邀岳軍來勸駕；（二）克之、十一等之缺點；（三）段子均之歷史。又直卿來談赴南昌事（蔣邀赴往晤）。正午至唐寶書宅午餐，同座有騮先、伯樵。午後有壬來談對日關稅問題。五時劉健群來談與敬之關係及現任政訓處工作。傍晚朱康來晤。

## 9月25日　陰

晨起做動課。早餐後須磨來談，午後岩松來晤，均為商討方振武軍竄入懷柔問題。

## 9月26日　陰

晨起做動課。早餐後九時出訪日使有吉，談一小時。又訪伯群，正午始歸。午後馬伯援來報告在泰山晤煥章情形。四時岩松偕楠本實隆及今田新太郎來訪。傍晚蓮士及王念劬來談。晚餐後李鳳暘由平來晤。

## 9月27日　陰

晨起做動課。早餐後趙蔚如（杭人）由津來，帶來

眾漁、覺生、康侯三人函各一件。正午至叔雍宅午餐，午後鎔西、季寬先後來談，季寬新由平轉贛來滬，竭力為敬之申說（關於平公安局風潮問題）。

## 9 月 28 日　晴

晨起做動課。早餐後公權來談華北政費辦法，允往商子文，又雨岩公使來談大谷中將訪介事。午後趙蔚如來晤，託帶三函北歸。四時亦農來晤，約明日與大谷、笹川會晤事。五時半有野參贊來雜談。

## 9 月 29 日　晴

晨起做動課。早餐後亦農偕笹川來談。又出訪子文談政整會經費辦法。午後周作民來晤（知韓、于、徐有聯治主張）。四時水淇來訪。六時出訪庸之。六時半赴岳宅讌大谷（雨岩、亦農同席），十時半散。

## 9 月 30 日　晴

晨起做動課。早餐後處理文件。正午赴鐵城之讌，同席有哲生、雨岩、楚傖及上海主委諸人。午後三時汪院長來晤，未幾有壬、孟餘亦來：（一）談悉政情；（二）接洽路事，五時半散。六時馬伯援來。

## 10月1日　晴

晨起做動課。早餐後與乙藜談，帶到介石來函一封。九時擇一由平到來，報告種種。又叔雍來晤。傍午新聞記者十餘人談半小時。午後三時新任日本駐在武官鈴木美通中將來訪。又鎔西、公權先後來晤，託我代理建設學會事。晚十一時啟程北行。

## 10月2日　晴

晨七時抵南京，與汪精衛兄在車站立談數語（彼昨晚與我同車來），有壬亦來談一刻鐘，即過江由邱躬景君招待，在浦口停息三小時，其間褚民誼秘書長代表汪院長來送行。秋岳偕李子範君來晤，許靜芝來晤。十一時津浦車開，在車中與仲勛等雜談。

## 10月3日　晴

晨夜中四時車抵泰安，馬伯援君偕煥章所派代表二人來接，即乘輿至五賢祠訪馮，談二小時半。除話舊外，其胸中尚含有沈鬱不平之氣，常流露於語氣之間。未幾，在東廂房共早餐，餐畢歸站，煥章來送，又在車中談半小時，予竭力安慰之、勗勉之而別。正午車抵濟南，韓主席向方偕沈市長成章、葛局長光庭及文武重要官吏來站迎接，滿站貼標語，接至省府與韓、沈二君長談兩小時，復開盛大讌會，席間韓致歡迎詞備極謙讓，讌畢數十人共同攝影。午後駐濟日武官花谷來訪表示敬意，略談即去。又與向方對談半小時，蓋韓、沈因公安局問題，曾有一度誤會，故特為

此以圖消弭也。五時赴站開車。

## 10月4日　晴

晨夜間二時抵天津，于主席孝侯來接，儀仗亦極盛。至省府後阪西、矢野先後來晤，又新聞記者要求談話，又桐生、擇一來報告近情，至六時天明借孝侯書房睡二小時。九時讌會，同座有王維宙、張遠伯、張伯苓等共兩桌。讌畢十時開車，午後二時抵平，袁市長、衛戍司令王庭午、憲兵司令邵文凱、公安局長余幼庚及何敬之代表黃處長等均來接，到豐澤園後，當晚敬之來談方吉軍處理事。

## 10月5日　陰

晨起做動課。早餐後根本來談喜多對灤東問題各意見，又陳次長公俠來談。正午何敬之讌喜多，予亦被邀。午後蔣團長孝先來晤，交付介石帶來親手信一封。又叔魯來晤。晚間賈昆庭、余幼庚先後來訪。

## 10月6日　陰

晨起做動課。早餐後喜多來談，十時予讌喜多，十一時半終席。彼赴南苑乘飛機赴奉天。午後鮑書徵、王念劬、易寅村、高宗武、何亞農先後來晤。晚間第二師黃師長長杰（號達雲、湘人），由蔣孝先團長陪同來見，交付介石帶來親筆信一封。

## 10月7日　晴

晨起做動課。早餐後訪敬之商議讌請各軍將領事。十一時日本《朝日新聞》記者緒方、久住等來訪，談一小時。午後意使館參贊狄蘭素、米瑞鳳（朱枕薪介紹）、嚴侶琴、章嘉活佛、韓達齋先後來晤。晚間高宗武來共晚餐兩小時半。

## 10月8日　晴

晨起做動課。早餐後文欽、遠帆先後來談，未幾，即偕文欽赴萬壽山遊玩。正午在養雲軒午餐，孟和夫婦亦來。午後三時回城與仲勛商改組辦法。晚間赴居仁堂應敬之之讌（兩桌），同座皆軍分會委員。

## 10月9日　晴

晨起做動課。早餐後叔魯、景庭、仲勛、桐生等來，會商本會改組事。十時半杉村陽太郎（前日本駐國聯政治部長）來訪。傍午錢次長慕霖來談北審路局事。午後谷九峰、趙蔚如、張若衡先後來晤。晚七時借居仁堂讌請在平全部軍分會委員（何敬之、萬福麟、于孝侯、魏益三、魏宗翰、胡凌塵、戢勁成、商啟予、陳公俠、鮑書徵、鄒岳樓、劉多荃、劉一飛、王樹常）等，十時歸。劉經泮（芹堂，魯人，孫仿魯之經理處長）來訪，談至十二時別去。

## 10月10日　陰

晨起做動課。早餐後九時赴大樓行雙十節紀念儀

式，又與何克之談改組事。午後三時戴藹廬（多諧，杭人，中行大阪支店長）來報告滿洲聞見：（1）鴉片專賣遍地皆是，且係花煙間；（2）道院極多，各處均有新鉅建築，聞係避日人耳目作用；（3）一般人還是「我們中國人」口氣；（4）雜稅輕減；（5）盜案、綁票亦極多。四時至北京飯店回拜杉村。五時至大樓茶會（予因雙十節招待中外來賓約二百名），七時歸。九時叔魯約來晤，因事阻未果。

## 10月11日　晴

晨起做動課。早餐後劉健群來談，告我孝侯對其砲兵旅講話情形。又日本駐加拿大公使德川家正來訪（德川將軍第十七代孫）。正午予與敬之同讌杉村、德川兩人，中山、三浦、原田等館員作陪。午後朱博淵、王叔魯、張繼高、曹君實（潤田之子）、張遠伯等，殷桐生、葛仲勛來訪談。

## 10月12日　晴

晨起做動課。早餐後出訪德川於北京飯店，談半小時歸。滿鐵山井格太郎來訪（與義舫、蘭軍諗）。又張直卿偕井崧生來晤。又李擇一偕藤原武官來訪，予付擇益六千元（赴東川資）。正午在寓讌客（劉哲、王叔魯、蔣夢麟、直卿、周作民、魯若衡、崧生、殷同、李十一、張蘅若）等。午後張孝杉、劉砥泉、何秉璋（枕薪介紹）、劉石蓀偕來談吉鴻昌事。晚間六時至北海公園應東北軍全部將領之招讌，讌畢復至周作民兄宅讌

會，十一時始歸（本日殷桐生、李擇一均出發）。

## 10月13日　晴

晨起做動課。早餐後理髮師來理髮，又文欽市長來
接洽市政，並帶領第一區署長祝瑞霖來見（即日前代理
局長者）。午後姜松年、周靜齋、喬耀漢先後來晤。晚
間劉石蓀、葛仲勛來談。

## 10月14日　晴

晨起做動課。早餐後直卿、中山、沈亞華先後來
談。正午在居仁堂午餐（敬之讌章嘉）。午後武田偕
胡協五（保安隊長）來謁（胡係曹州籍，貌凹凸而眼
紅）。又魯若衡，李宗弼、程眾漁先後來訪。傍晚至叔
魯宅晚餐。

## 10月15日　晴

晨起做動課。早餐後文欽來商梁案及小學風潮案，
又偕出答訪章嘉佛（晤談）、馬星樵、周靜齋（外出未
晤）、張直卿（晤談商唐山學校遷讓事，在直卿處晤劉
海泉，談二小時）。午後呂智恆來訪。又出訪陳公洽、
萬壽山。晚間赴劉敬輿、蔣夢麟、湯爾和三君之招讌。

## 10月16日　晴

晨起做動課。早餐後同學王世義來訪，又鄧仲知、
李興中來談煥章事。又撫寧、昌黎兩縣代表周祐等六人
來請願剿匪救濟。傍午日本貴族院議員視察團樺山伯爵

等來訪。正午在宅讌章嘉、馬星樵等。午後王叔鈞（談財政）、宋明軒（報告蒙古情形）、陳覺生（談各方內幕勾串）、何敬之（報告方吉等已離隊投降）、柴山武官來晤。晚至直卿宅與劉師長芳波共晚餐。晚間仲勛來報告克之擬辭職。

## 10 月 17 日　晴

晨起做動課。早餐後出訪韓向方、宋明軒並晤秦德純、鄧仲知、蕭仙閣，談煥章善後事。十一時波蘭公使來拜。傍晚朱石芹來報告赴前線解決方吉部隊之經過。午後劉厚生、白經天（談高等文官考試監誓事）、叔魯來商南行事。

## 10 月 18 日　晴

晨起做動課。早餐後湯爾和兄來談克之辭職及梁家義案兩事。十時赴會所開第三次大會，到李石曾、韓向方、徐次宸、于孝侯、宋明軒、張遠伯、王揖唐、袁文欽、何克之、王叔魯、蔣夢麟、周作民、湯爾和、恩克巴圖等，至十二時會議畢，留共午餐。午後至軍分會與何敬之及韓、于、宋、徐四主席談整理華北軍隊事。又湛侯來晤談。傍晚至克之宅晚餐，同座有韓、宋、徐三省主席及秘書長等人。

## 10 月 19 日　晴

晨起做動課。早餐後出訪徐次宸談一小時，又至會所代國府監誓（高等文官考試監試及典試委員宣誓典

禮）。午後神尾茂來訪。又文欽來晤。傍晚秦紹文奉向方、明軒二人之命來商煥章事。六時至萬宅夜讌（各省主席及軍長等公讌予與敬之）。

## 10 月 20 日　晴

晨起做動課。早餐後出訪孝侯未遇，十時美使詹森偕其參贊高思來訪。十一時又出答拜波蘭公使。正午至瑞蚨祥西棧應冷家驥、孟廣坫之讌。午後向方（軍事等等要有辦法）、根本（來報陳策運動北甯路局事）、潘子欣（來報告吳季玉復歸作亂情形）、鈕元伯偕劉玉書、沈職公、李石曾、柴東生等先後來談。七時周作民宅招讌，八時半往前門車站接眷。

## 10 月 21 日　晴

晨起做動課。早餐後立孫、亞農、修直先後來談。又偕景英出訪敬之夫婦未遇。十一時駐津日本總領事栗原正來訪。正午至西珠市口北平市商會讌會。午後宋蘊璞來國貨展覽會，又作民、石曾二人同來商談時局，並代向方來約晚餐。七時至向方處晚飯，直談至十一時始歸，在座有韓向方、于孝侯、宋明軒、徐次宸、商啟予、萬壽山、周作民、李石曾及予共九人。

## 10 月 22 日　晴（辛酉）

【移居外交大樓】

晨起做動課。早餐後著手搬移至外交大樓新屋，整理就緒已午後三、四時。傍晚至廣和飯莊應李石曾

君之讌，同座與昨日在韓宅共餐之名單相同，外加何
敬之、鮑志一二人。餐後復至韓宅商談政局，值至深
夜一時始散。

## 10 月 23 日　晴

晨起做動課。早餐後董為公偕周養庵同來，為市參
議會與市府間糾紛解釋事。十時半克之來交還辭呈，並
懇切勸勉與曉諭之。傍午遠帆來云將南行交涉中央教育
協款，予勸其緩行。午後王一堂、鍾志剛（居覺生、趙
厚生介紹來見）、汪心渠先後來談。晚至居仁堂應敬之
招讌，主賓為黃季寬，飯後商談蒙古自治問題。又至作
民宅與石曾、次宸談晤，十一時歸寓。

## 10 月 24 日　晴

晨起做動課。早餐後湛侯、仲勛、鹿君偕來談。十
時日使有吉偕其參贊須磨、有野來晤。十一時齋藤恆來
訪。午後胡捷三來談孫殿英軍西開停頓事。四時出訪商
啟予，談一小時歸。

## 10 月 25 日　晴

晨起做動課。早餐後出訪日使有吉（答禮）、又分
訪季寬與芷青，談蒙古問題。午後習恆、直卿、海秋先
後來晤。晚間在大樓讌季寬、芷青。

## 10 月 26 日　晴

晨起做動課。早餐後劉君實來報告聞見。正午至丁

香胡同藤原海軍武官處讌會（彼讌新任旅順要塞司令枝
原中將、久保田參謀長等一行）。午後仲漁偕楊寶林
來談海河工程會事。又陳覺生來敷衍。晚間在會讌留
日振武同學。

## 10月27日　晴

晨起做動課。早餐後蔣孝先團長來晤談。傍午赴
香山應萬福麟、王樹常二人之邀野食（是日為舊歷重
九，約赴登高，並遇同學陳興亞，東北人，舊憲兵司
令，自畢業歸國後，尚未見過，故彼樂極狂飲大醉，
予亦陪醉）。午後沈立孫來談，晚間在會與敬之同讌
枝原司令官。

## 10月28日　晴

晨起做動課。早餐後莊樂峰來訪。十時開戰區救濟
委員會第二次全體會議。午後中山、根本先後來訪，均
為大倉在津購地闢農場事（日人之事端真無窮盡）。傍
晚因敬之岳母生日，在馬宅演戲，邀往觀劇，特往賀
壽。又至直卿處與王鼎芳軍長共晚餐（初次接談）。

## 10月29日　晴

晨起做動課。早餐後次宸來談日人對山西情形
（一、經濟，想投資；二、政治，想聯絡）。傍午赴頤
和園午餐。午後孟和來談。傍晚赴馬宅，予為敬之岳母
增祝觀劇，十二時始歸。

## 10 月 30 日　晴

晨起做動課。早餐後危苞濱來報告王卓然將赴歐，主張漢卿歸。又墨正、鹿君來接洽公事。又陶念新來請發墊款五千元（行政督察專員公署之開辦費），予即付之。午後祁公亮、陳紫敔（陶念新介紹）先後來晤。五時孟和偕英人路司等三人（英美煙公司）來談。晚間偕景英至西班牙使館讌會。

## 10 月 31 日　晴

晨起做動課。早餐後美使詹森偕其外交部遠東局長何米頓來訪。又蘇玉琪由山海關歸來，報告交涉剿匪經過。傍午劉石蓀由津歸，為亞農事討論約一小時，頗感煩燥。午後李伯英、李鳴周先後來談。傍晚湛侯送來蛋糕，適文欽、修直亦到，乃共茶點。

## 11月1日　晴

晨起做動課。早餐後劉定武、胡捷三、王芳庭先後來晤，芳庭并留共午餐。午後湯鑄新、丁慕韓偕來談：（一）平民大學董事長（予婉却之）；（二）設法邀班禪回平，勉為德王利用（予立即電中央建議）；（三）收集散在各宮殿之大藏經版（予願贊助）。傍晚根本來談：（一）岡村將於六日到平；（二）大倉洋行在津開闢農場事，晚間在會讌日使有吉明。

## 11月2日　晴

晨起做動課。早餐後直卿來談與李際春會晤情形。午後靳仲雲、沈麟伯、林烈敷先後來訪。晚赴王念劬宅晚餐，同座有英、比、荷、德各使夫婦，是晚飲酒稍多，體頗不適，應力誡之。

## 11月3日　晴

晨起做動課。早餐後亞農偕岳辟疆來談，又劍初偕曾昭嶼（可樓之弟）來談。又劉石蓀來晤，傍午胡政之由津來談，彼允為文力闢誤謬。午後林同興、朱清華先後來晤。四時半柴山來報告赴長春經過：（一）守陵兵有要求可允撤去；（二）對灤東浪人可由我取締或通告之；（三）長城各口可分別先後交還；（四）對蒙古事決不再著手；（五）多倫偽兵俟劉、湯兩部隊解決後即撤。敬之同在座，談一小時別去。傍晚至日使館茶會。晚間八時半滿鐵所長高久偕牛島來晤，九時半潤田來談。

## 11 月 4 日　晴

晨起做動課。早餐後荷蘭公使、章元善、蔡廷幹、周仲潔（極有條理）、徐祖善等先後來見。午後魯若衡來談北平晚報津貼事。晚間在寓讌英使，友誼頗篤。

## 11 月 5 日　晴

晨起做動課。早餐後王叔魯由京歸來詳報政情。午後李伯英、張直卿先後來訪，晚赴日使有吉之讌。

## 11 月 6 日　晴

晨起做動課。早餐後接見鐵道部派來夏參事光宇、許科長澄，商議平瀋通車，彼等情形隔閡。午後岡村寗次由長春來拜會。傍晚原田偕王潤貞（學鐵路，伯高，漢陽？亦可謂不知何國人）來晤，真是可痛。晚在寓讌岡村。

## 11 月 7 日　晴

晨起做動課。早餐後敬之來商談對岡村之應付策，相對痛嘆。九時岡村到，喜多、花輪、菊池、柴山、根本、中山共七人偕來。我方除予及敬之外，有桐生、亦農、念新共五人。會談兩小時，彼方提出草案，無法承受，國弱至此，欲哭無淚。散後我方五人繼續研究，除譯成中文電告政府外，並逐項加以修正，擬提出對案，值至午後三時始畢。即派桐生、亦農、念新三人往與喜多、根本、花輪三人為基礎談判，值至傍晚雖小有進步，而未能輕減，約明日再談。晚間敬之在居仁堂讌岡

村，予亦被邀作陪（喜多未到）。

## 11月8日　晴

　　晨起做動課。早餐後敬之、桐生、亦農、念新等來，無論何人目擊此情，未有不痛心疾首者也。未幾，根本博突來側面運動，予勉予週旋後，根本、桐生等即往會所再開始商議，予乃決心往訪岡村與之熟談利害，但僅從能同情我國之立場，並不能放棄彼之根本主張。傍午歸寓，午後桐生等歸告，似彼方態度稍緩和，字句亦修正不少，或者與岡村一席談已發生相當效果。同時收蔣、汪聯名覆電，對華北局勢甚能了解，指示修正各點，此間本午談話已經辦到，故心為之稍舒。傍晚叔魯、更陳、爾和及丁稅務司貴堂先後來談。晚間與桐生商議電稿，報告中央。

## 11月9日　晴

　　晨起做動課。早餐後敬之、桐生、亦農、念新同來會合，十時桐生等又往與喜多等續談，不料不過半小時即歸告「又出事了」（其時桐生面色極不自然而沉痛）詢知關東軍司令來電反對修正各點。當即電邀敬之來詳商，仔細推敲，不屈則立招反動，屈則辱國喪權，兩皆不可，直商至午後三時半，始彼此共下決心立一限度，囑桐生等再往磋商，一面再詳電中央。傍晚六時，殷同等歸來，知彼此爭執還未定局，六時半匆匆赴岡村之招讌，九時畢，客散再分別討論，值至十一時山窮水盡始忍痛定稿。然仍聲明須呈報中央，柴山等乃舉酒遍酌，

予實強為言笑，未能下飲也。歸寓後復齊集出席諸人，
從事翻譯及起電稿報告蔣、汪，深夜三時始就寢。

## 11 月 10 日　晴

晨起做動課。早餐後佐藤偕藤原來訪，二人皆為海
軍中人，態度較溫和，然亦未能減輕我之陳痛也。十一
時出，答訪荷蘭公使。午後三時劉敬輿來晤，要求與
岡村交涉，不得在東四省任意沒收私人財產（指為逆
產），鳴呼！可憐可痛。又潘泰初、許漢卿先後來談。

## 11 月 11 日　晴

晨起做動課。早餐後，開戰區救濟委員會常務會
議，會畢與叔魯談內外情勢（叔魯昨由津晤羅文幹
歸）。午後整理此次與岡村談話紀錄。

## 11 月 12 日　陰

【劉定武之言】

晨起做動課。早餐後偕仲勛、湛侯、克之及景英夫
人同至西山溫泉村沐浴。沐畢，即在該處午餐。午後四
時回城。晚間八時劉定武君來談，彼告我各項消息確否
不敢知，始以二點為驗：（一）柴山不久要調影佐；
（二）日俄風雲緊，將迫我於俄斷交。

## 11 月 13 日　風雪交飛

晨起做動課。早餐後遠帆、圭良、直卿、枕薪先後
來晤。午後整理與岡村談話紀錄。傍晚公權由陝歸來

晤。晚間赴巴立地（意人，北平郵務長）宅晚餐。

## 11月14日　陰

晨起做動課後，公權來共早餐後，介凡、念劬先後來晤，又亞農來。午後胡石青、張君邁、朱沈薪、沈立孫等來談。

## 11月15日　晴

【陶希聖】

晨起做動課。早餐後張曉江來談孫殿英事，又劉秉初來晤。又有吉日使偕須磨、有野來辭行，彼將於十九日赴滬也。午後柴山來詢，謂有黃河水災救濟委員會者派人至滿洲募捐，日方願以執政名義（溥儀）捐參萬元，惟不知此會何等人組織，捐款是否可直接交付該代表，華北當局對溥儀捐款有無窒礙，予答以待查明再覆。又克之來告與文欽間之誤會。又陶希聖（精衛介紹，鄂人，頗沈靜而智慧）來談時局。六時至歐美同學會參加英公使藍溥森回國送別會。七時至西皮市銀行公會赴修直招讌。

## 11月16日　晴

晨起做動課。早餐後孫子涵來談。又青島日總領事坂根來訪。正午赴日海軍武官藤原宅讌會，午後內田敬三由東京來，帶到鈴木貞一函一件，談兩小時。五時赴歐美同學會參加黃河水災籌賑會之成立會。傍晚至報子街會賢堂祝昌弟母之壽。晚八時參加居仁堂

何敬之讌別英使會，讌畢後至會賢堂陪英使等看堂戲，十二時始返寓。

## 11 月 17 日　晴

晨起做動課。早餐後理髮師來理髮。修直來告種種。又桐生來共午餐。午後內田敬三再來談經濟，攜來圖表多種。噫！可畏也。傍晚王正輔（儒堂之弟）、王卓然等又來談獎券事。真是無聊。但王卓然出任之函，似較前次會面稍了解矣。晚間在寓讌任藤脩。

## 11 月 18 日　晴

晨起做動課。早餐後李宗弼來告以岡村來平經過之概略，囑往濟轉告向方。又蔣伯誠來，謂南方必有把戲，病根在暢卿、天翼，故集矢於我等語。又蔣光堂（天津《庸報》經理，常州人，張志潭介紹來見）來談，人甚誠摯。傍午魯若衡來晤。午後內田敬三來談，予告以關東軍之橫暴與不信（蓋欲藉以間接吐露以儆其將來也）。傍晚出訪有吉送行。晚間敬之來談。

## 11 月 19 日　晴

晨起做動課。早餐後至頤和園散步兩小時，在養雲軒午餐，同座除景英夫人外，有文欽、湛候、仲勛及敬新夫婦、仲漁夫婦共九人。午後三時回城。晚間在寓讌適之、叔永、在君、詠霓、孟和諸人，詠霓談太行山之西引一鐵路問題，頗可研究（由大同至潼關，再經洛陽、南陽、襄陽而達沙市、常德，以接長沙，復經長沙

出廣東之線）。

## 11 月 20 日　陰

　　晨起做動課。早餐後王錫符（契璋，高陽人，陸大畢業，精衛介紹來見）、戴聽潮（溫州，立夫介紹，在津辦通訊社，求津貼）來晤。又至根本宅晤談：（一）關東軍失信事；（二）內田敬三活動之內容；（三）神田正雄之近情。正午孝侯主席來謁，留共午餐。午後魯若衡偕季逈時（《北平晚報》經理）來。晚間赴比國公使招讌。

## 11 月 21 日　晴

　　晨起做動課。早餐後敬之、仲漁（將赴南京）、神田正雄（帶來日本總理子爵齋藤實、公爵近衛文磨、貴族院議員江口定條、政友會床次竹二郎及和尚水野梅曉等候安片來）等先後來訪。正午震修來共午餐。午後根本偕柴山來談北票事（得寸進尺，尤其是根本口堯舜而心盜跖，屢以哄小孩手段出之，可惡）。又修直來託往赴津代訪維宙、遠伯，徵求本會改組意見。傍晚內田敬三來辭行。又王念劬來報告與俄參贊談話。晚間仲勛、亮才來雜談。

## 11 月 22 日　晴

　　晨起做動課。早餐後美人愛培爾、米勒耳、艾德蘭等來訪，彼等為辦療養院及職業學院，捐去洋一千元。又平民大學為汪伯唐先生所手創，現校長湯藥銘來捐洋

一千元。又劉定五君由太原歸來訪。午後直卿（來談東北將領在津集會情形）、職公（來談岡村在津與孫馨遠談話）、蔣孝先、姚景庭先後來晤。

## 11 月 23 日　晴

晨起做動課。早餐後宋主席明軒、王廳長芳亭、吳副主任仲賢、何秘書長克之先後來商談時局及接洽公事。午後陳覺生由津來晤談。傍晚震修來，交與密件兩本，託帶交蔣、汪各一冊，留共晚餐後話別（彼將於明晨南旋）。

## 11 月 24 日　晴

晨起做動課。早餐後文欽、烈敷先後來晤。傍午中山來探時局，嗚呼！謀我者如是之亟，而我國人毫不自覺，真是不可救藥。正午孟和來共午餐，談本會改組調查處事。午後，章嘉活佛來晤談蒙古自治問題之內容，黃忻泉君同來告我在中村司令處見一地圖，多倫已劃入滿洲界同顏色（劃至傘電河、沿該河黃君有墾地，故注意及之）。又爾和、亞農先後來談對時局應急方法。

## 11 月 25 日　晴

晨起做動課。早餐後出訪王維宙、陳興亞（介卿），均未遇。又訪宋明軒談應付多倫及煥章事。傍午訪根本談閩變情形（當即電告蔣、汪）。午後馨航、定武、橘三郎、芳亭偕劉熙泉（向方之近人）先後來晤。

## 11月26日　晴稍陰

晨起做動課。早餐後約叔魯、景庭、仲勛等來談本會改組事，人事安排最為困難，值談至午後二時，勉強大體就緒。傍晚亞農來談，給予帶信二封（一致百川，一玫次宸），伊於明晚啟程赴并。晚間再約仲勛來談。

## 11月27日　晴

晨起做動課。早餐後出訪敬之（給予北平會談紀錄一冊）。正午電約克之、涵青在宅午餐，商秘書廳改組事。午後荊有岩、段子均、王紹賢先後來訪，又意大利新任公使來謁。傍晚修直來談，與之接洽南行報告事。

## 11月28日　晴

晨起做動課。早餐後柴山來謁予囑其電台灣軍松井司令，告以應注意三點，一面電告介石。又王軼陶來訪。傍午監察委員周利生來晤，探詢市府與自治方面情形，同時並詢及外交，予正式嚴重拒絕之，嗣後彼說明決非公式，乃係私人友誼關係，故詢及外交，予復盡情告之。午後三時魯若衡校長來接往民國大學講演，聽者甚眾，是日講題為「三三論」，（一）人（和、恕、宏）；（二）事（敬、敏、審）；（三）物（整、齊、惜），約講一小時半。到平後此為第一次，回憶十年前在北大、師大講演時，國家尚未危急如今日，而吾人之講演又極為自由，真不勝今昔之感。四時半歸，劉石蓀、殷亦農、唐圭良、許修直、曹仲勛、王敬之（韜，津市長）先後來訪，均叫我增加苦痛事。

## 11 月 29 日　晴

晨起做動課。早餐後張月笙由津來訪。又大阪朝日特派員石川來晤。正午至中國學院赴王儒堂之讌，午後周靜齋（允擔任調查處副主任）、楊天受（不允擔任調查處組長）先後約來談敘。

## 11 月 30 日　晴

晨起做動課。早餐後出訪伯誠，知伊搬住西裱褙胡同18，談半小時歸。白瑞麟（馬少雲之駐平辦事處長）偕達理託雅（蒙古阿拉旗親王）來謁。傍午吳子玉派譚道南來致謝意。午後劉玉書來談，此公頭腦尚新，有辦事才。傍晚至北京飯店赴法國武官茶會。晚間俄使館開送別藍公使會，予亦被邀參加。

## 12月1日　晴

晨起做動課。早餐後召集全會職員訓話，此為本會成立後第一次（訓辭另錄）。午後鈕元伯、何玉芳先後來訪。傍晚張直卿來報告，知漢卿將於十五日乘意輪歸國，約新正五、六號抵滬，當即電告介石，並略陳意見。晚間在寓讌請意大利新任鮑公使及彼同來之馬可尼爵士及其夫人（馬為發明無線電者，溫而靜，深得學者風度），西班牙嘎使、比利時紀使等夫婦作陪並攝影而散。

## 12月2日　晴

晨起做動課。早餐後赴意使館答訪意使。正午在宅讌王迴波、王化一。

## 12月3日　風陰

晨起做動課。早餐後赴北湯山沐浴。午後三時半返城，仲勛來商南行事。又囑傑才到贛報告事，并與以致介、岳、暢各一函。晚七時赴英使館茶會，送藍公使行。八時半又赴居仁堂讌馬可尼。

## 12月4日　晴

晨起做動課。早餐後趙蔚如、劉玉書先後來談。又藤原武官來辭行兼介紹冲野新任武官。正午胡政之來共午餐，午後峰、李松鳳、田普馨先後來談。六時赴法使館茶會。七時在寓讌青甫兄嫂及會中諸同僚。

## 12月5日　晴

晨起做動課。早餐後法使韋禮敦來晤。又宋組長偕海軍謝司令來訪。正午仲勛來共午餐。午後岳開先、劉熙泉、王芳亭、丁在琨、李擇一（由東始歸）、殷同生先後來晤。晚至馨航宅晚餐，餐畢復往觀劇（到北平後第一次）。

## 12月6日　晴

晨起做動課。早餐後張遠伯、柴山、朱枕薪先後來訪。午後常少襄（報告劉翼飛等內容）、張曉江（報告孫殿英軍事）、王叔魯（報告漢卿擬回國，先到保定，並派其弟由美赴日）等來晤。

## 12月7日　陰

晨起做動課。早餐後同生、船津、式南、若蘅先後來晤。正午在寓讌美人福開森夫婦及其小姐。午後五齊（叔英，湖北特稅處派來談不急之談）、張東蓀（廿年不見，依然書生）來談。晚赴爾和、克之兩處讌會，八時歸，約同生、擇一二人來商談內外時局，亘五小時之久，至深夜一時三刻始散，是晚因興奮過甚未能酣睡。

## 12月8日　雪

晨起做動課。早餐後張國藥來談（彼新任為察省電政監督），對於應有一綜括的著述，頗具卓見。午後周赤誠來。晚在寓讌王儒堂，請商啟予、王欽光、朱紹湯、王子文等作陪。

## 12月9日　晴

晨起做動課。早餐後陳筑山（定縣辦教育自治人員）、陳介卿、落合等來晤。正午殷同生、李擇一來共午餐。午後李竹邨（青，京軍會少將處員，粵人，陸大畢業，劉君實代表來）來談，知閩變影響於贛中剿匪之處甚大。傍晚赴居仁堂與敬之、季寬談時局及蒙情。八時歸在寓讌法使，十時半散。

## 12月10日　晴

晨起做動課。早餐後赴香山與作民談敘。正午在香山應作民與秉三二君之招讌，午後四時歸。傍晚張季鸞由津來晤談。

## 12月11日　晴

晨起做動課。早餐後李擇一由東京歸來報告聞見。十一時上海法文報記者來訪。正午予假居仁堂讌黃季寬談新疆事，季寬對新頗有壯志。午後蔣以泉（百川妹婿，留法學生）、劉定五、徐季寬先後來談。

## 12月12日　晴

晨起做動課。早餐後整理案頭積稿。午後津《益世報》劉豁卿、米瑞鳳（談在滬各方勾搭內容甚詳，及張漢卿歸來問題）、姚以价、程眾漁（由南昌歸來）先後來晤。

## 12 月 13 日　晴

　　晨起做動課。早餐後赴臥佛寺東原葬張敬輿兄，予為主祭人，不勝今昔之感。歸途訪黃季寬於北京飯店（彼將南返，託其代達種種）。午後擇一、柴山、何競武先後來訪，晚間與叔魯雜談。

## 12 月 14 日　陰

　　晨起做動課。早餐後維宙來談赴贛經過。正午約克之來共午餐，商開大會事。午後有田八郎（駐比大使）來談，五時赴歐美同學會開茶會，由予招待各界（黃河水災籌賑事）。會畢，轉至日使館赴中山之讌，八時復至南池子赴美國武官陶思第之讌。讌畢遊戲得第一獎，歸已十一時。

## 12 月 15 日　晴

　　晨起做動課。早餐後王璧侯、劉奇甫、魯若衡（借款，並要求北伐津貼）先後來見。午後南桂馨、鄒安眾（鄭叔，湘人，平漢副局長）、殷亦農、萬壽山等來談，傍晚赴新建胡同劉健群君宅招讌，讌畢歸更衣又赴荷使館讌，十一時歸。

## 12 月 16 日　晴

　　晨起做動課。早餐後開戰區救濟委員會常務會議，正午讌有田八郎。午後三時薛撫岳（潘馨航介紹，皖人，留美畢業，舊外交部人員）來見。四時吳大業（號扶青，自稱孔庸之派來）來談抽鴉片稅、發行契券、辦

倉廠、官產換契等事，予厭聞之。五時柴山介紹武田南
陽來見，名為記者，實係浪人（與駐屯軍暗通，中國衣
帽，帶大眼鏡，養長指爪，視之可畏）。六時叔魯、爾
和、青甫、靜齋、克之、墨正、軼塵等來會商批薪事，
并留叔魯、爾和、克之三人共晚餐。餐後討論時局，頗
感困難，夜間未能酣睡。

## 12月17日　晴

　　晨起做動課。早餐後文欽來談，十時偕青甫等赴頤
和園散步，即在養雲軒午餐。傑才由南歸趕到共午飯。
飯後聽取傑才報告，歸城已四時。

## 12月18日　晴

　　晨起做動課。早餐後會中舉行星一講演會，由克之
講〈我對服務的信念〉（誠、識、幹），予為之引伸
之。傍午仲漁來討論赴包說孫殿英事。午後危苞濱、苗
培成、程遠帆、魯若衡、張直卿先後來談。

## 12月19日　晴

　　晨起做動課。早餐後敬之來商討時局。午後青甫來
談會務。晚赴直卿宅讌，係與胡凌塵、王鼎芳、劉芳波
諸人商張漢卿歸國事，尚圓滿。

## 12月20日　晴

　　晨起做動課。早餐後九時修直由滬歸報告二小時。
十一時美使詹森偕其參贊高思來訪。午後直卿偕楊豹

靈、向迪琮（仲堅，川人）來討論華北水利機關事，晚
間文欽來共晚餐。

## 12 月 21 日　晴

晨起做動課。早餐後馬振五、王迴波、沈立孫先
後來晤。午後劉石蓀、郭石岑（命郭赴滬，給川四百
元）來談。

## 12 月 22 日　晴

晨起做動課。早餐後仲勛由滬歸報告種切。又桐生
由賓到，來談京中聞見。又開戰區救濟公債基金保管委
員會成立會。午後魯蕩平、羅努生、胡伯生（綏遠電局
長）先後來談（是日匯向方二萬元，託轉煥章）。

## 12 月 23 日　晴

晨起做動課。早餐後修直、仲勛來接洽人事問題。
代亞農付金城透支賬。正午周作民來共午餐，討論下月
四號開大會問題。午後柴山來辭行（將赴京滬），並談
及清河鎮貯有荷蘭飛機二架事。五時陶希聖來談公法上
對於承認問題之討論，此公年輕而靜，極有研究，頗可
喜也。晚在宅讌黃師長達雲、蔣團長孝先。

## 12 月 24 日　晴

晨起做動課。早餐後赴溫泉村應陳介卿學兄之召
讌，午後四時歸。傍晚仲勛偕蕭龍友來診視（治胃
病）。

## 12月25日　晴

晨起做動課。早餐後出席本會講演會，聽湯爾和君講「健康與政治關係」。十一時介卿來談禁煙事。正午在寓讌本會顧問，徐佛蘇如瘋如癲，滔滔一大套，鬧了兩點鐘，真是可憐。午後津電報局長王若僖（菼青，溧陽，留德學生）來訪，博物院院長馬衡（鄞縣）來訪。傍晚王芳亭偕劉熙泉來談。晚餐後鄒作華來辭行，謂將赴滬迎張漢卿。

## 12月26日　陰

晨起做動課。早餐後修直、仲勛先後來報告聞見。傍午希臘國名譽總領事來謁。午後戢勁成同學來談東北軍內容。傍晚叔魯由津歸來報告在津聞見，彼對漢卿歸國，從其性質與環境兩方面看，一時雖無狂風驟雨，然日久必有文章也。

## 12月27日　雪

晨起做動課。早餐後克之來報告韓向方等之醞釀：（一）聯省自治；（二）停止華北黨務工作。果爾，似其背後已受中外兩方之傳染，至可憂慮。十時桐生來談，在秦皇島與土肥原會晤情形：（一）知溥儀有稱帝意（影響蒙古並波及華北）；（二）知山東為日人利用之程度已深；（三）對華南暗中有策動；（四）對華北並不知足。傍午何海秋來報告實地視察灤東、察東聞見，其中最痛心者：（一）唐山有所謂日語研究會，凡屬會員門前均釘一小牌，上記日語研究會會員，有此牌

者，日人即不往擾，華人亦不敢欺侮，故什九均加入該
會，其實並非研究日語也（但日後日語必因此普傳，
益不堪問）；（二）察東雜軍眾多，蹂躪人民，無所
不至，以致民不堪命，此次外傳日偽軍西侵，實係李
守信部擾民太甚，民間不得已請救於偽軍張海鵬，張
又請示日人，日軍遂以弔民伐罪自命，進兵察東。鳴
呼！都市多漢奸，鄉村盡順民，真不知中國前途之何
若也（此皆軍閥政治之罪惡）。午後王樹人由歐洲歸
來，述旅中感慨，不失為東北人中後起之秀。傍晚習
恆來述與蕭仙閣談話，知彼等最近有排何之策動。晚
間仲漁由包頭歸，帶到孫殿英信一封，並述該部內情
甚詳。予囑其代起電稿報蔣。

## 12 月 28 日　雪

晨起做動課。早餐後仲勛偕楊仲達來見。傍午蕭仙
閣來談，其內心雖排何而表面却亦言之成理，擬使何帶
商震、何柱國兩軍援閩，王以哲填何柱國防，宋哲元填
商震防（主要意思原來在此）。午後敬之、爾和先後來
商討時局。晚赴美友福開森君宅晚餐。

## 12 月 29 日　陰

晨起做動課。早餐後直卿來商赴滬迎張事。又立孫
偕平漢新局長陳延炯來。午後屈蘭九、朱清華、朱衡
宇及蒙古代表七人先後來。是日，草兩長電致介石：
（一）為孫殿英事；（二）為本會開會事。

## 12月30日　晴

　　晨起做動課。早餐後根本博由東京來報告其政府意：（一）對閩、粵無信義，不值其所為；（二）對漢卿歸國，不贊成其北來。正午在寓王樹人，午後甘肅綏靖主任公署總參議張春浦（賦濤）來謁，談孫殿英軍西行事。又吳仲賢來請假南行迎張。傍晚芳亭偕劉熙泉來報告，向方忽表示來月四號大會不能出席，表面理由為地方多謠，未便遠行，裡面理由為山西不來之故，然恐皆非也。

## 12月31日　晴

　　晨起做動課。早餐後根本來談研日本步哨之青年引渡事。又直卿來商南行事（付川旅二千元）。午後文欽陪我同至西昇平沐浴（到平八月，此為第二次）。晚在寓讌由滬隨來人員渡歲也。

**民國 23 年（1934 年）**
**1 月元旦　晴**

　　晨起做動課。早餐後全會職員在大樓團拜並攝影。十一時程仲漁來談孫軍事，并留共午餐。午後秦紹文來談察省整理軍隊之經過，並面遞公文一件，報告日人在蒙古種種之策動，并附呈證據。傍晚請本會職員茶會（晚間尹其襄送到）。

**1 月 2 日　晴**

　　晨起做動課。早餐後，震修由南京到（岳弟函，由漢口來）代表精衛來接洽政務：（一）對外暫緩進行一切；（二）對內其負責盡量運用；（三）要求暫勿他行。並留共午餐。午後商啟予來拜年，予又偕景英同出答拜王庭午（未遇），徐青甫兩家。傍晚出訪仲勛。赴萬壽山宅應劉尚清之讌，十時歸寓。

**1 月 3 日　晴**

　　晨起做動課。早餐後劉芳波、萬國賓先後來談。又出訪根本（未遇）、叔魯。午赴銀行公會應陳延炯之讌。午後修直來報告聞見（劉石蓀等又亂言亂動，在駐屯軍方面說黃、于不能合作）。傍晚出外赴讌會。

**1 月 4 日　晴**

　　晨起做動課。早餐後開政整會第四次全體委員會議，議畢在大樓讌請各委員。午後桐生由津來談。晚六時赴爾和宅讌會。九時仲漁由津來報告：（一）孫殿英

已赴臨河；（二）馬占山同行；（三）擬先在潼關以西
有所策動；（四）馬少雲、楊虎城均有聯絡；（五）目
的要消滅朱一民、胡宗南；（六）華北或受其影響。當
即據此分電蔣、汪、一民、宗南諸人。

## 1月5日　晴

　　晨起做動課。早餐後開華北戰區救濟委員會第三次
全會，會畢讌請各委員。午後日武官柴山由滬歸來訪。
又震修來談敘，告我與根本談話情形，似溥儀稱帝已不
可免，而予之處境益困益艱危矣。晚六時赴市府讌會。

## 1月6日　晴

　　晨起做動課。早餐後與景英討論時局。傍午震修
再來談，並留共午餐，午後二時別去。晚赴劉敬輿宅
讌會。

## 1月7日　晴

　　晨起做動課。早餐後偕傑才遊中央公園打地球一
次，得137點，吳傑才得40點，並在來今雨軒吃茶小
憩。正午歸，午後震修、修直來談（修直由圭良手帶到
武田南楊函一件，內說「無為而治」最為得策，奇語妙
語）。晚至內務部街應于孝侯、張遠伯等之讌。

## 1月8日　晴

　　晨起做動課。早餐後李季谷（紹興人，留日高師，
留英劍橋畢業）來談（謂將赴泰安應煥章之邀，講西洋

史，豫備兩星期）。又參加本會星期一講演會，主講者徐主任青甫，講題「政治經濟改善之途徑」。午後張遠伯、馮自由先後來談，傍晚赴春藕齋讌會。

## 1月9日　晴

晨起做動課。早餐後亦農來報告親勘古北口各地情形。午後沈立蓀（談部對路警事）來訪。又習恒偕日人高木陸郎來談，予探悉溥儀已決稱帝，國號年號不改。嗚呼！強鄰步步進逼，而閩亂、粵謠猶相繼不已，真堪痛哭。晚在本會讌請于孝侯、宋明軒、何敬之、商啟予諸夫婦。

## 1月10日　晴

晨起做動課。早餐後修直、青甫（已有知難而退之意）、叔魯（謂收漢卿電，將赴滬一行）來談。午後朱石芹來報告馬占山有組織幹部，為張廷樞、馮占海、黃顯聲諸人，目的謀對黃、何兩委員長及袁市長不利。又陳又新、汪續熙、殷桐聲先後來晤。傍晚赴德使館茶會，知歐美各國中止使館南遷之用意（硬撐，不因日本之壓迫而先撤）。晚間修直偕仲漁來訪，出示孫殿英回電，乃照轉蔣。

## 1月11日　晴

晨起做動課。早餐後遠帆來談，午後王錫符、何克之、湯爾和、袁文欽先後來晤。傍晚余幼庚來告溥儀稱帝及攝政王與姚某談話。

## 1月12日　晴

晨起做動課。早餐後葛仲勛來談。又日商林龜喜來晤。午後俄參贊巴爾可夫來謁，知日俄間情形，並不如報載之緊張。傍晚陳覺生來談煥章在張垣時，對日外交之經過，似陳已受相當之教訓矣。晚間敬之來談，囑出入要謹慎，因外間有謠傳故也。又文欽送參一枝來觀，重六兩，惜價太昂耳。

## 1月13日　晴

晨起做動課。早餐後柴山來談，予詢以稱帝事，彼不能自圓其說。傍午約叔魯來共午餐，因彼奉漢卿電邀赴滬談敘，予亦順便託伊本會預算。又克之偕中行經理來簽戰區救濟公債押款合同（額面參佰五十萬元，抵押一百七十五萬元）。傍晚修直來談。

## 1月14日　晴

晨起做動課。早餐後予與內相偕仲勛、芳姨同至中央公園各打地球一盤，復散步一週，參觀圖書館而出，正午即在仲勛宅午餐。午後文欽來談。晚在寓讌高木陸郎。

## 1月15日　晴

晨起做動課。早餐後參加講演會，講演者為張劍初科長，講題為「獨裁制之檢討」。傍午根本來訪，謂將赴滬並祝賀閩亂平復。午後齊世英、段子均先後來晤。晚間修直來共晚餐，予送旅費千元，將囑其赴

京與岳軍接洽一切。

## 1 月 16 日　晴

【覆龍冠海函】

晨起做動課。早餐後得紐約留學生龍冠海來函,勸勿親日並附來〈人格培養同盟簡章〉」一紙、《紐約時報》對我論評一則,讀之不勝感慨,當即覆一函如下:

冠海先生大鑒,遠承惠教,感佩同深。彼此均為中國人,吾儕血管中皆為中國血所灌輸,親日固談不到。依弟愚見,中華民國國民除親華外無可親者,更進一步言之,今日世界現狀如此,中國之勢如此,唯有內親外睦之一法,或可以渡此難關。換言之,對內應無不可親,對外應無所不睦。如對內有親、有不親,則統一難期,復興無望。對外有睦、有不睦,非近憂立發,即遠患潛滋。先生留學海外,聞見必廣,當能諒此。諸先生以培養人格相勗,竊以為苟利於國,一切個人之安危毀譽,悉舉而犧牲之,此為人格之最高點,深願有以共勉之。百忙怖悃,幸恕率直,順頌大安。

又十一時半同學龔諮議贊初來訪（段芝泉介紹）。正午周作民由滬歸來共午餐,談龍煙、滄石兩事。午後馮占海、汪松年、武田確忠先後來訪。晚間程仲漁、許修直來共晚餐（是日午,日軍攻龍門所,秦紹文來告急,亟派劉石蓀前往交涉）。

## 1 月 17 日　晴

晨起做動課。早餐後克之來談察省府應有一應付外

交人員，頗有見地。午後青甫來談。晚間赴使館晚餐。

## 1月18日　晴

　　晨起做動課。早餐後周贊堯來商故宮物品點查，監視人員請加派四員，當即派定黃孝平、王承桓、周庸邨、張福增四人前往助理。正午徐軍長月祥來談時局，留共午餐。午後高橋垣少佐來謁（新任駐京武官，坐飛機由承德來，不日赴京）。

## 1月19日　晴

　　晨起做動課。早餐後蔣孝先團長來報告吳子玉系策動情形，並謂已捕楊靜、何曉山（正、副國民救國軍司令）二人。又凌昌炎來報告南游經過與居覺生、胡展堂、陳伯南、李德鄰等談話情形。又敬之來商四中全會建議事項，予告以：（一）黨；（二）政兩端之改進方案。午後青甫、靜齋來，告以調查處應注意事項及著手之方。傍晚六時赴幼庚宅譙韓居士（助洋貳仟元）。

## 1月20日　晴

　　晨起做動課。早餐後班禪來訪，呈遞哈噠。正午譙高橋垣（是日午前，戰區救濟會常務會議，因接待班禪，未能出席，由仲勛代表到會）。午後王均原來商玉田張萬慶部衝突事，即令派王前往查辦。又黃建屏來談。晚在居仁堂與何敬之同作主人譙班禪，席散後見到各項報告（國民救國軍及人民自衛軍等），知亂事正未已也。

## 1 月 21 日　晴

晨起做動課。早餐後赴丰澤園答拜班禪禪。又至居仁堂午餐，與敬之討論內外時局，相對唏噓，值至午後四時始歸。

## 1 月 22 日　晴

晨起做動課。早餐後參加本會星期一講演會，講演者為辦事員趙俊文，講題為「改革華北政治之管見」。正午赴靜齋宅讌會。午後翊唐夫婦自瀋陽來，並帶到土肥原片一張，詳告關外實情，至可感慨。又鄒岳樓來言，赴滬迎張經過，晚赴周作民宅讌會。

## 1 月 23 日　晴

晨起做動課。早餐後直卿由滬歸來晤，並帶到漢卿回信，又段茂瀾來訪（留美畢業，並通識法、德、西諸國文字，陶益生之妹婿）。傍午鮑書徵來訪（亦係迎張歸來）。午後日海軍武官冲野來謁。又明軒來談察東交涉方法。傍晚桐生來談，晚赴丹使館讌。

## 1 月 24 日　晴

晨起做動課。早餐後郭石岑由滬來攜到澤一之「赴台迴憶錄」，閱之內外俱有感焉。又齋藤恆來訪，微露要求補助之意。午後劉芳波來談，亦述迎張歸來之情形。晚在寓讌青甫、翊唐，蓋青甫將回杭，翊唐初從瀋來也。

## 1月25日　晴

晨起做動課。早餐後駐屯軍參謀川口清健來訪，與之談玉田部隊肇事及吳系策動情形。又直卿偕仲漁來談孫殿英軍事。午後匯向方兩萬元，託轉交馮。又駐在青島之日海武官田中來謁，晚赴美使館讌。

## 1月26日　晴

晨起做動課。早餐後沈崑山由歐歸來談聞見。午後奧人羅逸民偕維也納大學教授譚憂黎來謁。傍晚孟憲章來，帶到煥章、定五各一函。

## 1月27日　晴

晨起做動課。早餐後譚煥章來，剖白心跡解釋謠言。傍午段子均由晉歸來，述百川傳語。正午在寓讌日海軍武官田中穰（駐青島），冲野亦男作陪。午後與沈職公、湯爾和、袁文欽、殷桐生分別商談時局。傍晚劉芹堂由鄂來，帶到廿六路總指揮孫仿魯函一件。晚赴郵務長意人巴立地之讌，讌畢又至北京飯店看跳舞（慈善會）。

## 1月28日　晴

晨起做動課。早餐後亞農由東京歸來報告聞見。傍午至仲勛宅午餐。午後仲勛、翊唐先後來談。晚沐浴。

## 1月29日　晴

晨起做動課。早餐後參加本會演說會，演講者為辦

事員嚴雋湛，演題「正心」，予為補充半小時，講演畢，叔魯由京歸來報告種切。傍午亞農來談，留共午餐。午後桐生來報告與柴山談三小時之經過：（一）河北主席及各廳事；（二）華北黨部事；（三）飛機聯絡事。五時薄永濟由太原到平來談。

## 1 月 30 日　晴

晨起做動課。早餐後克之、雍能、李子範先後來談。午後爾和（為劉石蓀緩頰）、闞疆（商派赴張垣辦事）來談（是日匯唐有壬一萬元）。

## 1 月 31 日　晴

晨起做動課。早餐後電邀叔魯來談。傍午又邀亞農來晤，亞農談話時似現跼蹐之象（觀其眸子），心中不安而現於色，似尚可交者也。午後日武官臼田來晤。又呂習恆來，與之談張敬純事（無理要求給予工作）。晚赴英使館 Ingram 代辦之讌。

## 2月1日　大雪

晨起做動課。早餐後余洒度來訪（黃埔學生，湘人，蔣孝先介紹，現在平辦報）。又商啟予、王庭午先後來晤（均由審歸來報告在審聞見）。正午赴春藕齋，予與敬之同讌臼田寬三、遠藤武勝（日參謀本部部員）、柴山兼四郎三人，並請爾和、亞農、文欽、石芹、桐生、幼庚等作陪。午後高志鴻、張樹聲先後來訪，晚赴德國使館讌。

## 2月2日　晴

晨起做動課。早餐後挪威國代辦公使來謁，又囑墨正代送禮物。午後整理文件。

## 2月3日　晴

晨起做動課。早餐後開戰區救濟會常務會議。傍午汪翊唐來訪談。午後張樹聲偕張孝誠（博純，本中央測量學生，北平人，近與石友三密）來謁，商談對石友三問題。晚間在宅讌胡凌塵、王鼎芳、劉芳波、張直卿諸人。

## 2月4日　晴

晨起做動課。早餐後偕真兒至中央公園打球兩盤，又至仲勛姻丈處午餐。午後王叔魯君來討論時局。晚殷亦農巡視戰區歸來報告聞見，並詳述玉田警團衝突之真相及其秘幕，真是所謂「群愚政治」（日人譏我之詞），無可逃避。

## 2月5日　晴

晨起做動課。早餐後克之來接洽公事。十時開星期一本會講演會，講演者為湯股長鶴逸，演題為〈日本國民性之檢討〉，予為之補充數點。午後林龜喜來為齋藤恆說項，真是可鄙。又水淇偕今關天彭由滬到，今關本由東京來，代表其總理大臣齋藤實送來齋藤親筆所書七律兩首，含意頗深，談兩小時半得悉（神兵隊事變起至荒木辭職止之經過）。

## 2月6日　晴

晨起做動課。早餐後偕傑才同至協和醫院診治鼻孔，謂須用手術，因為公務所牽未能入院，祇能有待來日。傍午翊唐偕何家駒（號千里，鎮江人，周作民之戚）來談。午後李佑宸（韓向方之駐平辦事處長）、許文國、張水淇先後來訪。予交各物於水淇如下：（一）竹葉手畫兩捲（託交今關，回送齋藤）；（二）洋二千元（託交今關，作為程儀）；（三）洋千五百元，交水淇作招待費。

## 2月7日　晴

晨起做動課。早餐後荷使都陪克來辭行，謂將返國一行，蓋為隴海投資奔走也。又翊唐、慕霖亦先後來辭行，各回原任。午後今關再來談，務使其明瞭此間實情，以便歸報其內閣（蓋其軍人在外暴行，其內閣不盡能聞知者也）。晚赴南池子美國海軍武官馬可里宅讌。

## 2月8日　晴

晨起做動課。早餐後莫柳忱、劉敬輿偕來訪。正午讌今關（是晨修直由滬歸來，報告在京滬聞見）。午後湯爾和、趙蔚如、陳覺生先後來訪談。晚赴法國使館讌。

## 2月9日　晴

晨起做動課。早餐後出發宛平之調查專員來請求訓示。又常少襄、蕭仙閣、喬耀漢先後來見。午後柴山來談，又張遠伯、王迴波先後來見。

## 2月10日　晴

晨起做動課。早餐後陳覺生（談日本事）、鄧仲知（談煥章）、宋明軒等先後來謁。午後許修直（託辦吳子玉事）、陳地球、森木（日駐津憲兵隊長，來談引渡趙敬時事）等分別來晤。晚上在寓讌外交團（美、德、俄、法、荷、丹、挪等國）。

## 2月11日　晴

晨起做動課。早餐後赴香山休憩，同往者有仲勛、鹿君、修直及予之家屬。正午在香山飯店午餐，午後五時歸。

## 2月12日　晴

晨起做動課。早餐後參加本會講演會，講演者為楊樹森（參議廳辦事，留學日美兩國，學軍醫），講題為

〈優生問題〉。又日本駐滿海軍部司令官小林省三郎
（海軍少將，實即舊時之江防司令也）偕其隨員來謁，
談半小時別去。午後岳闕疆由長春歸來報告，並攜來偽
幣、偽出版物多種。六時赴冲野宅晚讌。八時又赴北京
飯店挪威代辦之讌。

## 2 月 13 日　晴

　　晨起做動課。早餐後根本由窜歸來報告種切，並言
關東已有電來促「交通交涉」之進行。正午赴日使館讌
（中山代辦請小林海軍少將）。午後在會見客，并書
「天地之大也，人猶有所憾」二語贈小林之參謀白石中
佐。晚在春藕齋與敬之部長同讌小林。

## 2 月 14 日　晴

　　【甲戌元旦】

　　晨起做動課。早餐後偕妻女同赴孟和兄宅賀年、又
至仲勛姻丈宅午餐。午後四時歸稍憩。晚赴比使館讌，
比使紀佑穆新婚，未及年飯畢，出小冊索書，予乃書
「今之梁孟」四字贈之。

## 2 月 15 日　晴

　　晨起做動課。早餐後王魯瑞（新任駐橫濱總領
事）、韓立如（馬占山秘書長）、朱枕薪、王叔魯先後
來談。又孟和、修直來賀年。午後在會整理文件。

## 2月16日　晴

　　晨起做動課。早餐後原田參贊偕深澤暹來謁。午後朝鮮人朴錫胤（京城長沙洞二二四號）來談，此人本朝鮮獨立黨一青年，曾被日人拘捕入獄十餘次，後留英多年，改易思想並手段，與日緩和，所談亦頗有見地。又齋藤恒來辭行並道謝（予送程儀千元）。傍晚傅主席宜生及沈局長立孫先後來訪。

## 2月17日　晴

　　晨起做動課。早餐後溫靜庵、袁文欽、錢孟材先後來晤。正午在寓讌丁作韶（《晨報》記者）、許興凱（《益世報》記者）、秦墨晒（上海《申報》訪員）、朱枕薪等四人。午後李伯申、賈焜庭、魯若衡等先後來談。晚至春藕齋應敬之之約（讌晉、冀、綏三省主席），讌畢復至農賑組對出發戰區辦理農賑人員訓話。

## 2月18日　晴

　　晨起做動課。早餐後亦農、桐生、芳亭偕劉熙泉等分別來接洽各地方政務。傍午偕仲勛赴琉璃廠參觀（北平舊歷新年有所逛廠甸者，即此是也），購得雙馬在松下遊戲圖一枚，計洋廿五元。正午回至仲勛宅午餐，午後因星期稍休息不見客。

## 2月19日　晴

　　晨起做動課。早餐後參加本會講演會，講演員為喬國章，講題為〈明末政治之檢討〉，頗有深心。傍午蕭

仙閣來談。正午在會讌陳博生（《晨報》主筆）。午後
顏駿人、于孝侯、根本博先後來訪。晚在會讌駿人、孝
侯、次宸、宜生等共卅二人。

## 2 月 20 日　晴

　　晨起做動課。早餐後陳覺生、張季鸞、姜松年、張
直卿先後來談。午後四時日本駐津駐屯軍司令官中村孝
太郎（中將）由津來正式拜訪，表示敬意。五時赴日旅
館扶桑館回拜，七時在會讌中村。

## 2 月 21 日　晴

　　晨起做動課。早餐後孝侯約在會，邀集叔魯、遠
伯、亦農等商討對玉田保安隊處置方策。傍午赴日使館
與中村對談，交換意見一小時。正午即在該使館中村答
讌。午後出訪駿人（未遇），又訪次宸談一小時。晚赴
爾和、叔魯之會讌。

## 2 月 22 日　晴

　　晨起做動課。早餐後赴交民巷天主教堂，應比國公
使之請，參加誦經典禮（比國王薨），回想歐戰時該國
王決心抗德以護公約，真是二十世紀中之義戰者。午後
梁士純（燕大新聞系教習）來晤談。晚赴俄使館讌。

## 2 月 23 日　晴

　　【陰歷正月初十亦雲夫人誕辰】
　　晨起做動課。早餐後文欽、桐生、修直、仲勛、克

之、鹿君、涵青、頌來、立孫、剛吾、直卿、遠帆等先
後來，循俗禮祝壽。午後鄒季輿（川人，五期士官生，
新任平漢路駐軍辦事處長），又張樹聲偕張伯純來談。

## 2月24日　晴

晨起做動課。早餐後開戰區救濟會常務會議。午後
德工程師杜爾納（談石沽路事）、陳伯莊、福本貞喜
（山下汽船重役，鈴木貞一介紹）等先後來。

## 2月25日　晴

晨起做動課。早餐後偕修直赴西昇平沐浴。正午至
仲勛宅午餐。午後四時歸整理文件。

## 2月26日　晴

晨起做動課。早餐後參加本會講演會，講演者為
許寶騤，講題為〈對我論〉，主張真我、整我、大我，
頗有見地，予引佛理為之補充半小時。傍午俄國駐滬
總領事施比而文那克來謁。午後中山代辦、冲野海軍
武官（報告在青島海軍會議之情形，真乎假乎又誰得
而知之）、沈能毅（談舊美術工藝，工匠）、何敬之
先後來晤談。

## 2月27日　雪

晨起做動課。早餐後章嘉呼圖克圖來辭行，彼將於
明日入蒙宣化。又程眾漁由豫歸來晤。午後四時入協和
醫院豫備明晨施手術割鼻溜（此病已三、四閱月，無暇

療治，最近益劇，每至半夜窒息而醒不能成寐，故決心割去之）。

## 2 月 28 日　晴

晨九時由病床移入手術室，王院長亦在焉。九時十分即由劉醫生瑞華（天津人，留美畢業）用局部麻醉後開割，約十時完竣，復歸病室，予妻色稍驚惶，予雖未能言，但故笑而慰之，是日不見客。

## 3月1日至8日　晴

此八日間專在病院靜養，而左鼻孔尚未能通利，乃一遺憾之事，姑俟腫消炎退後，再看看有無通順之望，醫生每日來上藥。病中文欽、克之、叔魯、爾和、鹿君、涵青、靜齋、敬之、芳波、柴山、冲野、亞農等不時來探望。自三日起每晨床上運動依然能繼續，回想自廿七日下午四時入院以來，至本日下午四時退院，扣足九晝夜。

## 3月9日　陰

晨起做床上運動，停太極拳。早餐後理髮來理髮，午後唐圭良來談：（一）與板垣談話，1. 親美、親俄、親日均可速決態度；2. 如始終猶豫不如早退（可謂咄咄逼人）；（二）與菊池談話最少要依平津線為緩衝，故對于孝侯主張更易。晚間桐生來談，與圭良所聞大致相同。

## 3月10日　晴

晨起做動課。早餐後赴醫院上藥。午後根本來談（彼將回國，談兩小時）：（一）對通車、通郵等事萬不可再停頓；（二）如我辭，彼謂他日不堪設想，帶有威脅硬綁之意。傍晚黃慕松由京來談，帶到精衛信一封（為蒙古自治指導事）。晚間桐生與劉厚生來共晚餐。

## 3月11日　雪

晨起做動課。早餐後直卿來談，又亦農偕新任玉田

保安隊長韓奠邦來見。午後亞農、桐生先後來談。四時
滿鐵理事十河信二（ソゴウ）偕其隨員四人來訪，專以
經濟為詞。

## 3 月 12 日　晴大風

晨起做動課。早餐後亞農偕其眷屬來晤，又姜松
年來，遞到馬占山信一封，要求安插二人。是日西北
風甚大，適值中山逝世九週年紀念，何敬之等發起至
西山。病後不能風，故亦不往郊外。午後中村司令因
調任第八師團長，將回國，特由津來辭行，談一刻鐘
即別。傍晚沖野海軍武官偕中村海軍少佐來謁（由滬
來）。晚間在寓讌根本，因彼調任陸軍省新聞班長，
亦將於十七日離平回國。

## 3 月 13 日　晴風夾沙

【陰歷正月二十八日為予五五初度之辰】

晨起做動課。早餐後諸親友先後來循俗賀壽，予因
時局未安，僅做到廿餘人之鞠躬盡禮，親友無餽送，予
亦不接待，如此而已矣。午後津田海軍少將由漢到平來
謁，津田在民國四、五年時香港所熟識，來意尚善。

## 3 月 14 日　晴風

晨起做動課。早餐後余局長幼庚帶趙敬時父子來
請訓（即去年五月二十日刺日哨兵之人）。予對趙生
責其鹵莽而原其心跡，恕其既往而勉其將來，即囑余
局長令其父具結取保，並交地方官管束。十一時出訪

津田。正午馬伯援由東京來述聞見：（1）秩父宮擬封
滿洲事；（2）荒木下野事（與皇室有關）；（3）丁
士源若將死；（4）日軍閥對滿洲理想之失敗；（5）
中國留學生保送之矛盾；（6）劉鎮華（郭與趙欣伯）
派人購軍火；（7）對馮西北軍之新策動等等，頗可資
參考。午後三時赴醫院治鼻，歸寓後芳亭來細談，得
悉魯省內情。又叔魯來晤。

## 3月15日　晴風

晨起做動課。早餐後有壬次長由京到平來晤，談
一小時。又美人Hofper（哈佛大學教授，美使介紹）
來見，詢中俄情形。午後津田少將來談，當晚即在寓
讌津田（與敬之同作主人），席間談川上大將在中日
甲午戰後故事（反對建凱旋門，能見其大，非現在之
日人所能了解也）。

## 3月16日　晴

晨起做動課。早餐後桐生來談，敬之擬出遊事。十
時根本來辭行，談一小時半：（1）劉石蓀事；（2）通
車辦法；（3）根本問題之討論。正午修直偕高仰久來
共午餐，午後亞農來告以劉石蓀之不顧大局，應設法制
止。又于孝侯由津來，適有客在座未見（彼因奉漢卿召
赴漢口，路過北平來見）。傍晚直卿來談，亦報告劉石
蓀之不顧大局。晚間赴叔魯宅晚餐，同座有壬、敬之、
爾和、作民。

## 3 月 17 日　風沙

　　晨起做動課。早餐後習恆來談。又汪孝熙（袞甫第三子，長法文、法律）、王樹人先後來晤。午後陳覺生來談，並出示土肥原、酒井等來函，知日人總括的真意之所在，可惡亦可畏也。傍晚爾和來共晚餐，商酌赴東辦法，酌送旅費二千元（爾和應東京同仁醫會開會之邀）。

## 3 月 18 日　晴

　　晨起做動課。早餐後有壬來密談：（一）擬為籌善後，要我代負責任，未免強我所難；（二）汪有請郭復初回國担任外長之意。予對（一）點允加考慮，對（二）點以為尚非其時，應待三月或半年後，對日形勢較緩時再議。未幾桐生來，乃共商討最緊張之對日時局，直至正午始散。午後叔魯來談。

## 3 月 19 日　晴

　　晨起做動課。早餐後于景陶來談（直卿來說，萬福麟父子介紹，金州人，留日十餘年，鐵道界做事）。正午在宅譙明軒、紹文、仙閣、芳亭、丁槐等人。午後至醫院治鼻。四時劉秉初來談救濟農村事。五時魯若衡來商借款項，因彼前挪萬元失約未償，婉詞却之。五時半有壬來談并辭行，至七時別去。

## 3 月 20 日　晴

　　晨起做動課。早餐後亞農來代遞劉石蓀函，又商與

百川晤面事。習恆來商市參議會議長就職與否問題。午後美國舊駐平武官，現由檀香山來之鮑萊少將（駐守檀香山）、峰、商啟予等先後來晤。晚赴南池子美武官德來達家讌會。

### 3月21日　晴

晨起做動課。早餐後亞農、文欽、孝先、沖野、儀我（催辦通車、通郵事件）等先後來晤。午後赴醫院治鼻。又雷保康將赴東旅行來辭行，予送旅費一千元（因軍分會發起，聞敬之已送二千元）。晚至春藕齋讌會，主客為溥泉並遇張礪生。

### 3月22日　晴

晨起做動課。早餐後仲勛來晤，偕出至崇文門外看紫檀器具，購定三件。午後理髮師來理髮。又柴山來談（怕我此行成黃鶴），許多安慰之辭。五時九峰來申訴河北省政及於人民之苦痛。六時程蓮士來晤。

### 3月23日　晴

晨起做動課。早餐後百十四師師長陳貫群（于孝侯部）來訪（陳師駐馬廠，陳與介石、岳軍同期）。又殷專員來報告玉田部隊改編情形，當即墊發遣散費壹萬元。午後俄代辦巴爾可夫奉召回國來辭行。又朱鴻如來報告南行接洽處理孫殿英軍之經過。晚赴克之宅晚餐。

## 3 月 24 日　晴

晨起做動課。早餐後戰區救濟會開第十一次常會。傍午劉多荃師長來訪，帶到張漢卿親筆函一封。正午赴美館午餐，僅美使詹森夫婦及予夫婦四人對飲而已，美使研究白銀問題甚詳。午後王樹人、張直卿先後來談。晚八時在家讌劉瑞華博士（此次為予治鼻者），請格林、福開森、康斯坦等作陪。

## 3 月 25 日　晴

晨起做動課。早餐後赴仲勛宅談敘，並共午餐。午後與修直、鹿君商南行準備事件，予妻赴市府賀文欽喜（文欽嫁第二女）。

## 3 月 26 日　晴

晨起做動課。早餐後參加本會講演會，演講者為甘豫立秘書，講題為〈統制經濟〉。十一時半三菱職員矢野春隆代表市吉徹夫來談滄石路事，其欲逐之真無底止。午後訪何敬之祝壽，彼因避壽不在家。又邱公瑾由京來，沈立孫由晉歸，先後來晤。晚赴北京飯店應法國駐平航空參贊費詩基之招，歡迎法女飛行家希爾滋。

## 3 月 27 日　陰

晨起做動課。早餐後新任駐津日本軍司令梅津少將偕參謀副官通譯等一行七人來正式拜訪，談半小時別。十時半費詩基偕希爾滋來拜予夫婦。傍午梅津司令又個人來訪，對談半小時。正午即在寓與敬之共讌

梅津，午後三時半答訪梅津於北京飯店。又蕭仙閣（交
王世選等五名）、胡若愚等先後來訪。晚赴春藕齋與
敬之共讌希爾滋。

## 3月28日　晴

晨起做動課。早餐後文欽來談。又意使館書記狄蘭
素送來墨索利尼對東方各國留學生演說稿一小冊。又俄
使館參議司比而文那克（代辦性質）來新任拜訪。傍午
郭石琴來報告李擇一近況。正午赴團城應馬叔平之讌
會，商故宮博物院新任理事開會事。午後冲野偕牧田海
軍大佐與桑原少佐（舊為北岡助手，與李擇一熟）來
謁，予歷述北來後日人小題大做之不當。五時中山來話
別，並告我有吉公使來電內容。傍晚張季鸞來談。晚間
潘馨航與張直卿同來共晚餐。

## 3月29日　晴

晨起做動課。早餐後出訪王儒堂。又商啟予、程
眾漁先後來訪。正午君怡夫婦由滬來共午餐。午後修
直、遠伯、張學銘、張濟新（庶詢）、夏清溥、趙蔚
如等分別來見。

## 3月30日　晴

晨起做動課。早餐後殷桐生、何競武、何克之先後
來談（桐談此行應大開或大收，在兩極端內取一路，競
談軍整、藍衣、特稅三事，甚有見地。克談啟予事）。
午後子涵、仲恕、若衡、季寬、鼎芳先後來談。

## 3 月 31 日　晴

晨起做動課。早餐後亞農來雜談，又柴山來談。正午修直、桐生來共午餐。午後開戰區救濟會第十二次常會。晚赴萬宅應王維宙、劉海泉之讌。

## 4月1日　晴

晨起做動課。早餐後赴頤和園，先在養雲軒休息後，至景福閣午餐。午後幼庚來談。晚至春藕齋讌會（敬之讌季寬）。會畢赴戢宅祝戢勁成學兄五十壽觀劇，遇吳子玉。

## 4月2日　晴

晨起做動課。早餐後參加本會星一講演會，講演者為關富權，講題為〈水利與行政之關係〉。傍午新任英使賈德幹（Sir Alexander Cadogan）來談。正午在會讌幹部人員。午後柴山帶關東鐵道總局局長宇佐美及該局陸軍顧問間宮少將來訪。又魯若衡、岳闢疆、于孝侯、何敬之、張直卿先後來談。

## 4月3日　晴

【第二次南旋】

晨起做動課。早餐後答訪英使，又往探桐生病。傍午沖野偕漢口駐在武官來訪。午後文欽來，偕往西昇平沐浴，浴畢西站上車，五時開南行。

## 4月4日　微雨

晨起做動課。早餐後在車中翻閱隨帶文卷。午後車抵鄭州，錢慕霖次長登車來談，十分鐘後別去。

## 4月5日　陰

晨起做動課。早餐後十時半抵漢口，岳軍主席、芳

波師長、希曾局長等均來接。下站後與新聞記者略談十分鐘，即赴中央銀行子青姪處休息。未幾，張副司令漢卿來訪，議論風生，頗覺頭頭是道，且意亦懇摯，蓋愚誠已有所感也。談至正午同渡江，在漢卿宅午餐（漢卿、岳軍及予三人而已）。餐畢與岳軍同至省府談三小時，乃回至漢口中央行晚餐。餐畢漢卿復渡江來送行，九時登輪，船中遇有壬次長，又談至十一時半始就寢。

## 4 月 6 日　晴

晨起做動課。早餐後九時抵九江，陳警備司令來接，即赴車站，專車已備好，十時開車，遇龐軍長更陳。午後三時抵南昌，天翼主席、暢卿秘書長等均來接，下榻於貢院背三號，即予去年此時來贛下榻之處。回想一年來之經過，不禁感慨千萬也。傍晚七時，介石來約往伊宅略談，并共晚餐，談至九時半返寓，吳禮卿來訪。

## 4 月 7 日　晴

晨起做動課。早餐後顧墨三、劉菊村先後來晤。正午暢卿設宴邀飲，同座除予隨從諸員外，有天翼、墨三、雪竹、更陳、地球諸人。午後在寓休息，傍晚六時赴介石處談話一小時後，即來客（蔣廷黻、龐更陳、劉菊村、何雪竹等）共晚餐，九時半歸（是晚得雲妻電，勸引退）。

## 4月8日　晴

晨起做動課。早餐後九時半赴介石宅談晤，送伊《冀北察東形勢圖表》各一，中野正剛與潑勞他潑等之《大亞細亞義勇軍宣傳品英譯件》一套，日《陸軍職員錄》一冊（有黑「外」字戳者，均在中國為軍探），德人晏納充《對中國政制意見》一份，並對於內政外交均加討論，至十一時半回寓。孫總指揮仿魯來訪，十年不見，丰采依然。正午赴天翼主席宅午餐，午後回寓休息。傍晚暢卿來談，共晚餐後繼續雜談，值至十一時半始別就寢。

## 4月9日　陰雨

晨起做動課。早餐後介石來訪，談半小時別去。傍午赴介石處與蔣廷黻、黎琬等討論外交，即在介石處午餐而歸。午後待精衛院長未到，錢慕林、吳家象由漢口來訪。晚赴賀國光宅讌。

## 4月10日　陰風大

晨起做動課。早餐後林烈敷來談，知伊已擔任贛省第一區行政督察專員，駐豐城。

## 4月11日　陰雨

晨起做動課。早餐後賀廳長國光（元靖，蒲圻人）來晤談（商討察哈爾所呈國防工事計畫）。又天翼主席奉介石諭屬，來與我討論「新生活運動」之理論與辦法，予與之談三小時（共午餐後一時半始畢）。

【蔣汪黃共同討論】

午後三時精衛院長由京到，當即前往晤談（討論華北內外二方實狀與應付），至七時同赴介石處晚餐，餐畢，即在介處共同討論全般國際情勢及對日方略（小有結論），同座有蔣、汪、暢卿、天翼、仲鳴及我六人，至十一時半始散。

## 4月12日　風雨

晨起做動課。早餐後精衛來訪，繼續討論。又文詔雲、陳部長（海軍）來訪。正午暢卿讌精衛，共午餐。午後四時赴介石處再開三人（蔣、黃、汪）會議，討論內政，值至七時在蔣宅晚餐。餐後又雜談內外情勢（因得滬電，知日陸相林銑十郎辭職，研究今後形勢如何推移），至十時散後，復與暢卿同至精衛寓所談敘，至十一時半歸寓就寢。

## 4月13日　風陰

晨起做動課。早餐後發電與修直、敬之、岳軍、克之、孝侯諸人，十一時偕暢卿赴精衛處送行，不料未成行而精衛先來辭行，乃偕出渡江直送至車站而返。正午在天翼宅午餐，午後介石來訪，予出本日所得覺生等情報與閱，並出示亦雲來電，介石講「名譽與責任」未能兩全之說，頗覺精闢，晚飯後八時半再赴介石宅談敘。

## 4月14日　晴

晨起做動課。早餐後渡江赴車站乘掛車赴九江，搭

商局江新輪東下。

## 4月15日　晴

晨起做動課。早餐後在船讀「塘沽停戰協定始末記」原稿兩冊，午後讀殷專員意見書一冊。

## 4月16日　晴

晨起做動課。早餐後整理行李，十時船抵碼頭，伯樵、君怡、鹿君、季實、達齋等來接。午後震修、叔魯、中外新聞記者先後來談。傍晚出訪有壬於其病榻，告以在贛會談之經過，晚間君怡來談左舜生請見。

## 4月17日　陰

晨起做動課。早餐後有吉日使偕參贊有野來談一小時半，又鈴木武官來談一小時半，交換意見，別後當即起電稿報告蔣、汪。午後比使紀佑穆來見。又內田勝司由東京來談。晚間叔魯來談子文因銀公司不成，憤慨萬狀。

## 4月18日　晴

晨起做動課。早餐後李擇一由閩歸來謁。又日海軍武官佐藤來談。午後理髮師來理髮。又朱驪先、杜月笙先後來訪。晚赴學會讌會，予演講約一小時。

## 4月19日　陰

晨起做動課。早餐後叔魯來談，十時同至子文宅談

敘（談一小時半）。午後至江灣市政府答訪鐵城，並參
觀市府新屋，規模宏大。又順道往看新中國建設學會之
新建會所，聞本月底可以完工。

## 4 月 20 日　晴

晨起做動課。早餐後子文來答拜。午後爾和由東京
歸來報告聞見，彼所晤者均係文治派居多，如前外相幣
原、芳澤等類，故對滿洲問題極抱樂觀。

## 4 月 21 日　晴

晨起做動課。早餐後啟程赴禾掃墓，先至俞家匯，
後至九里匯。午後車至杭，省府派呂廳長、何公安局長
來站接，寓溫侯宅。

## 4 月 22 日　陰

晨起做動課。早餐後赴靈隱寺叩拜父母之靈（自
十六日起在寺拜水陸，本日作為正日，為追荐父親作為
五十週忌辰紀念，實則為四十八週，而忌辰為正月七
日）。在寺整日，值至晚間五方焰口上台後始歸寓。是
日來寺叩靈者有叔魯、爾和、伯樵、君怡、巍舅、炎
丈、湛侯、壯華、驪先、公權、厚生、寰澄、介石代表
（呂廳長）、玉龍等數十人（大姪嵩雲亦到）。

## 4 月 23 日　雨

晨起做動課。早餐後出訪翁詠霓於廣濟醫院，又訪
魯劬菴未遇。午後又至靈隱送靈位入報本堂，方丈（玉

皇）出捐冊（為造藏經閣），予捐洋千元。

## 4月24日　雨

晨起做動課。早餐後出謝步。正午呂廳長招讌，午後整理文電。

## 4月25日　晴

晨起做動課。早餐後乘車赴庾村，同行有仲勛、鹿君、炎之、湛侯等，十時半抵莫干小學參觀各處後，即在校午餐。午後乘轎赴勞嶺村旁看新購地形（豫備建設莫干中學）。又至莫干塢遊覽，遊畢上山。

## 4月26日　雨

晨起做動課。早餐後整理書房，又起稿覆電。午後俞局長、張公安局長來訪。又在寓與湛侯談敘。

## 4月27日　雨

晨起做動課。早餐後與仲勛、炎之等雜談。午後林鐵耕冒雨來山求事，老境蕭條確亦可憐也。

## 4月28日　雨

晨起做動課。早餐後翻閱北平寄來函件。午後與炎之、仲勛、伯樵等雜談。

## 4月29日　雨

晨起做動課。早餐後仲勛、湛侯等下山返杭。午

後在寓休息。

## 4 月 30 日　晴

晨起做動課。早餐後莫干小學全體教職員來山開校
董會。午後又開農村改進會（各村村長均列席）。

## 5月1日　晴

晨起做動課。早餐後青甫由杭州到山來談。午後李曉圓、韓達齋由杭來山談西藏事。又沈昌由滬來山報告對日平綏債務整理事已辦妥。又高養志來訪未遇。

## 5月2日　晴

晨起做動課。早餐後伯樵夫婦偕李彥士來訪。正午赴鐵路飯店讌客（曉圓、達齋、彥士、炎之、青甫、益厓、理卿、光倫、伯樵諸人）。午後王大綱由杭到山。

## 5月3日　雨

晨起做動課。早餐後曉圓、達齋來談。正午赴益厓宅午餐。午後鄭校長性白來接洽校務，並付洋五千元（校費、工程費、購地費等）。傍晚伯樵來談。

## 5月4日　霧

晨起做動課。早餐後炎之、和姨偕來辭行。正午赴鐵路飯店應伯樵約午餐，在座皆公益會人及全山各機關服務領袖，商討淨靜及消防三事。午後與鹿君雜談。

## 5月5日　霧

晨起做動課。早餐後理髮師來理髮。又張雲蓀來晤談。又出訪張靜江、趙才標談至正午始歸。午後與青甫、鹿君等雜談。晚間黃仲蘇由滬到山來訪，談至九時半別去。

## 5月6日　霧

晨起做動課。早餐後黃仲蘇、左舜生來。又秋岳由京到山，奉精衛院長命來商種切，長談兩小時別去，無非欲我單獨向各方面多負責而已。

## 5月7日　晴雨相間

晨起做動課。早餐後青甫要到杭來辭行。正午修直由北平來，詳報一月間在平經過及各方聞見。午後楊鎮（號公偉，滬軍舊人）偕內堂弟沈嗣芳由吳興來晤。又劉厚生由滬來商談北票煤礦事。

## 5月8日　霧

晨起做動課。早餐後與修直、鹿君討論華北時局及個人進退應付方法。午後吳興戴縣長濟民來訪談。

## 5月9日　陰

晨起做動課。早餐後張靜江兄來晤談。又俞寰澄兄由滬到山來雜談。午後修直動身下山返滬。傍晚出散步，至屋鷄墩看新闢避暑區。

## 5月10日　晴

晨起做動課。早餐後作書覆根本，又覆蔣、汪各一電。午後整理文件，豫備明日下山。

## 5月11日　晴

晨起做動課。早餐後九時下山，十時到校並訪三嫂

新居。在小學午餐後乘車赴杭，寓湛侯宅。傍晚湛侯讌
我於湖邊泰和園（遇褚民誼），餐畢偕訪史量才於秋水
山莊（史之別邸在湖邊），談一小時歸。

### 5月12日　晴

　　晨起做動課。早餐後乘汽車出發返滬，湛侯夫婦
送至乍浦並同遊黃山（乍浦海濱），在乍浦鎮內中央
飯店午餐，餐畢作別，改乘伯樵由滬派來之車，於午
後三時抵滬。

### 5月13日　晴

　　晨起做動課。早餐後達齋來託辦兌換事。午後出訪
有壬談一小時（知彭學沛辭職，郭泰祺不聽命，是汪內
部已發生意見，故汪甚憤慨）。又至炎丈宅，先後接見
內田勝司與黃秋岳，蓋所以避新聞記者耳目也（新聞記
者日伺於門側）。

### 5月14日　晴

　　晨起做動課。早餐後周作民、陳光甫、黃任之先後
來談。正午赴鐵城市長宅午讌，同座有潘公展、張竹
坪、董顯光、徐新六等諸人。午後橘三郎、周憲文、許
修直等先後來談。

### 5月15日　晴

　　晨起做動課。早餐後王長春來報告日海軍長官今村
中將欲來拜訪，約以明日在佐藤宅見面。又張鎔西、穆

藕初、吳達詮先後來敘談。午後至炎丈宅見有野參贊。

## 5月16日　晴

晨起做動課。早餐後養志、定五、鋒民、公展先後來晤談。午後至逖恩威路晤今村海軍中將（名信次郎，第三艦隊司令長官）及其參謀長高須四郎。

## 5月17日　雨

晨起做動課。早餐後往訪李石曾，談兩小時。又理髮師來理髮。午後修直來談北返事。傍晚炎之、鹿君來談。

## 5月18日　晴

晨起做動課。午餐後出訪孔庸之部長，談討設關問題，庸之對此頗有特見。傍午行嚴來談，正午赴叔雍宅午餐，在座均輿論界人（張蘊和、錢瑞甫，申；李浩然、陳達哉，新聞；潘公展、何西亞，晨；潘公弼，時事新報；管際安，民報；林百生，中華日報）。五時訪唐有壬。晚赴新六宅晚餐，同座有張竹平、董顯光、曾虛白、潘公弼、米某（申時通訊社）諸人。

## 5月19日　晴

晨起做動課。早餐後遠帆由平到來報告一切，戈卓超由京來傳述宣閣晤哲生所談情形。正午伯樵、長卿偕來。午後朱鳳千、齊世英均由京來，分別接見，談悉京中外部與黨部最近情況。

## 5月20日 晴

晨起做動課。早餐後高宗武君由京來，歷述最近游日在東京住兩閱月之聞見。午後赴炎丈宅談敘。

## 5月21日 晴

晨起做動課。早餐後駐京日武官高橋來談。又震修由閩歸來述感想。傍午有壬來，遞到精衛手書，內附蔣、汪往來電稿各一通（另存）。午後湛侯來晤，晚在寓讌鎔西、任之、問漁、伯申、厚生諸人，費四小時而別。

## 5月22日 晴

晨起做動課。早餐後見客。晚在寓。是日特電擇一、墨正、岳軍諸人誌念。

## 5月23日 晴

晨起做動課。早餐後偕王長春出訪鈴木中將，談兩小時。午後在宅見客。晚赴沈照瑞宅晚餐（沈為炎丈婿，初得子滿月酒）。

## 5月24日 晴

晨起做動課。早餐後殷局長桐生來談，並留共午餐。午後有壬來訪談。

## 5月25日 晴

晨起做動課。早餐後厚生來接洽會務。又湛侯來談

湧金門購地事。午後至炎之宅談敘。是日接介電，對通車案又游移。

## 5 月 26 日　晴

晨起做動課。早餐後錢新之來告王揖唐赴日，曾託新之電介石關說之經過。又幼年同善堂同學施亦政（號次于）來訪。午後叔雍來商與上海各小報接洽事。四時半內田勝司來晤，詳述在贛與蔣會晤經過情形。傍晚桐生來談（是晨電介石說明對外緊迫情形）。

## 5 月 27 日　晴

晨起做動課。早餐後平大校長徐誦明、李石曾、程錫庚先後來談。正午赴江灣至君怡新居午餐，餐畢，赴學會開第三屆會員會會，並舉行新會所落成典禮。晚至唐寶書宅晚餐，餐畢歸。唐有壬次長在宅候，商談通車案，至今未得介石確電，相對焦急而無結論。

## 5 月 28 日　晴

晨起做動課。早餐後徐青甫、林鐵耕、嚴慈約先後來訪。傍午暢卿電到，知介石已有轉意，並已發電對中政會提請通過（對通車案）。當即約桐生、有壬來，商定有壬晚車入京，向各方作疏解工作，桐生遵孟餘部長意旨，繞道杭州入京。午後鹿君由京歸，報告出席財政會議情形。傍晚叔雍、開單來商應付上海各小報事，又杜月笙、張嘯林二人偕來。

## 5月29日　晴

晨起做動課。早餐後作書寄叔魯、墨正。又曉圓來談敘。正午赴叔雍宅午餐，午後在宅理書籍，豫備裝送莫干小學圖書館。

## 5月30日　晴

晨起做動課。早餐後仙閣、卓超由京來談，詳述在京、贛兩方與汪、莊、孫（哲生）、張（溥泉）等談華北實際情形。又達高來談。又蔣範五來談往意大利經過。傍午厚生來談會務，囑伊代訪潘公展，並帶去附《晨報》社股。

## 5月31日　晴

晨起做動課。早餐後有壬由京歸詳述昨晨中政會通過通車案情形。

## 6月1日　晴

晨起做動課。早餐後王澤民組長由平來談會務。午後程遠帆由京財政會議畢來滬，談平市協餉及自治會糾紛事件。文欽、任心與簡單之處亦是大毛病之一。又柴東生由濟南來，帶到向方主席促北返函一封。晚赴地方協會量才、任之之讌，同座十七、八人，罄談時局經過，七時起值至十一時始散，閱四小時間之努力，頗得相當諒解。

## 6月2日　晴

【園中炸彈】

晨起做動課。早餐後橘三郎來談有吉歸後日本政情。又桐生來談。午後官產總處李處長鳴周來晤。是晨後園中有人自墻外投彈，幸昨雷雨，園土泥濘，未炸發。

## 6月3日　晴

晨起做動課。早餐後震修由京來商談大局。又約桐生、有壬來共商并共午餐而別。午後遠帆來辭行北返。又蕭仙閣、戈卓超來談為天津鹽商事。國難臨頭各逐不應逐之利，可嘆也。

## 6月4日　晴

晨起做動課。早餐後劉昌言（紹禹，川人）、金侶琴先後來談。傍午桐生偕坂西來，共午餐。

## 6月5日　晴

晨起做動課。早餐後出訪王勵齋談華北政狀約兩小時（劉紹禹君陪座）。午後整理案頭逐日所積函件。

## 6月6日　晴

晨起做動課。早餐後王長春來偕出答訪日使有吉，雜談一小時半。十一時殷桐生偕雷保康來晤，雷新由東歸，雷深信仰道德學社教義。午後杜重遠君偕馬占山將軍來訪。又戈卓超來談，傍晚成衣匠來定做夏衣三套。

## 6月7日　晴

晨起做動課。早餐後任筱山、趙厚生先後來訪。十時桐生、光甫來共商平瀋通車組織旅行社事。午後王勵齋來答訪。

## 6月8日　晴

晨起做動課。早餐後達齋、厚生先後來談（厚生來商糾正大晚報亂載態度）。十時桐生、光甫再來談對於通車意見。晚在光甫宅晚餐，光甫介紹張水淇等三人與桐生（水淇等將派往華北經理旅行社事）。

## 6月9日　晴

晨起做動課。早餐後陳任先來訪，有所冀求，予正色勸導之。正午傅筱庵請讌，席間遇徐聖禪，午後二時半歸。

## 6 月 10 日　晴

晨起做動課。早餐後周作民因將北返來辭行，與之商農賑組事。午後炎之、鹿君來雜談。

## 6 月 11 日　晴

晨起做動課。早餐後出訪李協和，談悉彼最近在魯與煥章會晤情形，知煥章猶有成見。正午在宅讌西康諾那（呼圖克圖），同席在韓達齋、陳元白、方韻松諸人。

## 6 月 12 日　晴

晨起做動課。早餐後厚生來談會務。午後馬曉軍偕嚴端（立法委員）來訪談經濟建國。又青甫兄由贛歸來，述與介石會晤情形（介擬請青甫擔任浙財廳），又湛侯由杭來談。

## 6 月 13 日　晴

晨起做動課。早餐後李協和來答拜，談半小時。午後新聲通訊社記者吳中一、憚軼群二人來訪（憚兼北平《世界日報》駐滬記者，吳兼《世界日報》及天津《益世報》駐滬記者，二人均常州人），談兩小時半，本我良心竭力指導之。（駐京日副領藏本秀明於八日晚失踪，是日始在紫金山尋獲，五日間憂慮與疑惑始渙然冰釋）。

## 6月14日　晴

　　晨起做動課。早餐後聖禪來談閩中財政情形。午後《晨報》記者西亞來談（西亞與朱枕薪同學，與周柏年同鄉，潮州人）。又橘三郎將北行來辭行，述悉有吉、吉田一對、芳澤、小幡一對、若杉、栗原一對之不睦情形。

## 6月15日　晴

　　晨起做動課。早餐後有壬由京歸，述赴牯與介石會晤情形，並談悉藏本失踪之內容，予即起草一談話片發表感想（稿另存）。午後王長春由京返來，報告藏本尋獲後，日人自知魯莽，頗有歉意。

## 6月16日　晴

　　起做動課。早餐後韓達齋來談。是日為端陽節，在家過節。午後在宅整理書房。

## 6月17日　晴

　　晨起做動課。早餐後厚生來談金國珍介紹鄭獨步來見事，予允之。又黃紹蘭女士來談易理，極為核要（講數、理、象三點）。午後炎之、繼實來共商楓林橋南馬號事。

## 6月18日　晴

　　晨起做動課。早餐後仲勛由平到，詳告近一月中在平各方推演情形，並知敬之興趣正濃。又亞農由蘇來述

彼將於廿三日回平。午後在宅整理文件，晚間張水淇由
大連歸，報告談判經過。

## 6 月 19 日　雨

晨起做動課。早餐後厚生偕鄭獨步來訪（鄭，鄂
人，金生國珍介紹入學會，新由日本畢業歸）。又陳光
甫來報告彼等開行務董事聯席會議，光甫力排眾議，通
過接受承辦通車事務。又陳元伯來談諾那及班禪事。正
午在宅讌仲勛、炎之諸戚友。午後決定廿三日赴杭晤介
石，遂起稿電告關係各方。

## 6 月 20 日　晴

晨起做動課。早餐後鐵城市長來訪。又張水淇來
談。午後四時李擇一由閩歸來報告閩情。五時伯樵偕李
伯英君來訪雜談內外政情，值至八時半始別。

## 6 月 21 日　晴

晨起做動課。早餐後穆課員通寶、桐生兄函到滬，
閱知在長春與岡村談話經過。又岳軍由京來述與汪、蔣
商予之處境問題，共午餐後別去。午後有壬次長來談有
數事未能決，復電邀岳軍再來加入討論，晚始散。

## 6 月 22 日　晴

晨起做動課。早餐後伯樵來談，彼將出國就醫。又
程蓮士由京來述陳公博北行意思，又傅宜生主席由京來
促北返。傍午有壬來談，出示關於通郵問題汪先生之來

電。午後出訪殷鑄夫、張岳軍，傍晚歸。

## 6月23日　晴

晨起做動課。早餐後朱枕薪由北平來報告新聞界各內容，頗詳盡。又厚生來談。午後陳光甫偕鄒秉文來報告旅行社受威脅事，並述任之意見，當即電任之，囑其以超然地位發公正言論。傍晚鄒秉文又來。

## 6月24日　晴

晨起做動課。早餐後直卿由平來，面述適可而止之意見，並稱修直亦同一主張。又岳軍來報告與鈴木武官會晤情形。午後電邀李擇一來談。

## 6月25日　晴

晨起做動課。早餐後在徐家匯站登車赴杭，岳軍、仲勛等同乘。抵杭後寓湛侯兄宅，何公安局長來接（岳軍寓西泠飯店）。

## 6月26日　晴大熱

晨起做動課。早餐後岳軍來晤，同赴清波門看岳、炎等所經營之宅地，歸寓後共談討內政改革問題。午後介石到杭來晤，約晚九時會談，如期往，在澄廬（沿湖邊草地上）談兩小時半（在座有岳軍），歷述內外困難情形，請辭行政院駐平政整會委員長職，介似得相當諒解，然未全行決定，予遂告以暫上山避暑，歸寓已十二時矣。

## 6 月 27 日　晴大熱

　　晨起做動課。早餐後岳軍由航空學校奉介石命來勸駕，勿消極。未幾介石又親來，並要求見景英夫人，有「我輩學佛之人，應有我不入地獄，誰入地獄之心」。景英答，謂入地獄而能曉益眾生，當然不辭，苟其不然，則有待考慮矣。可謂彼此均善於詞令，談一小時約再見而別。午後即乘車赴山。

## 6 月 28 日　晴

　　晨起做動課。早餐後在白雲山館前後察看修理工程，覺四圍空氣一清靜優閑，身涼心涼，頗笑一年來在華北，不知所為何來也。午後俞管理員則民來，又湛侯由杭來，文訪蘇由滬來（文奉東京雨岩公使命，歸國報告種切），分別敘談。

## 6 月 29 日　晴

　　晨起做動課。早餐後魯詠庵主席來訪談一小時，又訪蘇再來談，留共午餐後下山。午後在宅與仲勛、湛侯等雜談。

## 6 月 30 日　晴

　　晨起做動課。早餐後湛侯下山返杭，予作函電覆各友（連日所積）。午後視察後山工程。傍晚真兒由滬到山。

## 7月1日　晴

【通車被炸】

晨起做動課。早餐後寰澄來談。又回訪青甫。午後得桐生局長電，知首次平瀋通車，在茶淀站左近有人在車中密裝機製炸彈（犯人在塘沽先下車）爆發，死三傷十一重傷六。當即覆電殷局長有所指示（電稿另存）。

## 7月2日　晴

晨起做動課。早餐後仲勛下山北返。午後回訪寰澄未遇。又性白來商暑期補習會事。

## 7月3日　晴午後雷雨然不甚大

晨起做動課。早餐後答訪魯詠庵主席，雜談約一小時而歸。

## 7月4日　晴

晨起做動課。早餐後覆各方函電，揮筆整半日。午後青甫來談。

## 7月5日　晴

晨起做動課。早餐後趙才標來訪談（頗有英氣，極想做事）。又舊屬潘文蓀來求作書介紹呂籧村廳長，予允之（即書面交）。午後炎之、湛侯兩家先後到山來避暑。

## 7月6日　晴

晨起做動課並看日出。早餐後出訪靜江、佩箴、則民及趙才標，在家談約一小時而歸。午後開始為真兒課代數一小時。傍晚炎之、湛侯、青甫等各攜其家屬、小孩等來茶點。

## 7月7日　晴

晨起做動課。早餐後致一長電於精衛詳述對外伸腰工作之危險，今實逼處此，不能不伸腰而不應，已非本人所能善其後（電稿另存），故切懇中央所有豫備，不知中央能感動否也。午後湛侯來談（微雨二分鐘）。又嵩雲、嵩壽二姪來談。

## 7月8日　晴

晨起做動課。早餐後唐寶書由滬來述伯樵行期，及上海金融、財政、郵儲狀況，並述擬利用郵儲自造交、鐵兩部歷年向外購買用件，即囑伯樵在遊歐期中考察計畫，聞之頗慰。午後寰澄來談山下開闢農場事。傍晚炎之來商公益會定期開理事會。

## 7月9日　晴

晨起做動課。早餐後答覆各方函電。午後朱枕薪由滬來訪。又課真兒代數一小時。

## 7月10日　晴

晨起做動課。早餐後公權由滬來共早餐，並共午

餐，談內外南北各方政情。又朱枕薪來辭行下山。又雷保康由平來談大同主義（或係敬之推來者），亦留共午餐。午後公權下山，雷回鐵路旅館。三時課真兒代數學半小時。李擇一由滬到山來談。又靜江來答訪，談至傍晚始散（擇一擬往東探訪日新內閣岡田情形，予允考慮）。晚飯後，往訪湛侯，知南昌之航空委員會，因奸人欲圖報銷，縱火燒去。嗚呼！道德基礎不立，實無一事可辦也。

## 7月11日　晴

晨起做動課。早餐後擇一偕福建省委員林知淵來訪。午後桐聲由津到山報告與岡村會晤及辦理通車經過。

## 7月12日　晴

晨起做動課。早餐後桐聲來商今後應付方法，予將最近與中央往來各電與閱。傍午復邀擇一加入討論，值至午後五時始散。傍晚新任察哈爾省特派交涉員岳開先由平來談赴任後方針。

## 7月13日　晴

晨起做動課。早餐後習恆來辭行下山，彼此來專為（一）市參議會與市府爭執事；（二）敬輿公葬款項不足事，真是燕雀處於危堂之下而不自知，可嘆也。傍午桐生、擇一同來共午餐。午後唐有壬次長由京來，帶到精衛院長手書，精衛並贈我磁屏一座，乃

與另室談悉其來意：（一）恐我在近時期內有書面表示（即提出辭呈）；（二）恐桐生不北返而已，談至晚餐後十時始散。

## 7 月 14 日　晴

晨起做動課。早餐後赴公益會開理事會，並順道赴鐵路飯店答訪有壬、桐生、保康、闢疆諸人，遂邀同至寓午餐。午後分別討論應付內外局勢，決定為最後之一鬥，派擇一赴東京，桐生赴長春，有壬回報精衛或再赴牯一報介石（關東來通郵、聯航二案帶去參考）。

## 7 月 15 日　晴

晨起做動課。早餐後岳闢疆來，作一函致明軒主席，囑岳於到任時面呈。又桐生偕擇一來，當即付擇一旅費壹萬元，並授以交涉要領，擇一即告別下山。午後湛侯、青甫先後來談。晚桐生來共晚餐。

## 7 月 16 日　晴

晨起做動課。早餐後張嘯林來談。午後炎之、青甫來敘。

## 7 月 17 日　晴

晨起做動課。早餐後出訪錢新之、陳裕光（未遇）、殷桐生、葛湛侯四家而返。午後趙叔雍由滬來山談汪託量才代促北返事。

## 7月18日　初伏雨

晨起做動課。午後湛侯由陳述北返意見。

## 7月19日　雨晴相間

晨起做動課。早餐後程蓮士由京來談公博赴津歸後，所述聞見。未幾，桐生亦來，留共午餐。午後桐生下山返滬，將往大連再晤岡村，此次桐生在山詳細研商對日法，前後共九日，此去擬破釜沈舟，為國家努最後之力，但不知國運如何耳，焦灼殊甚。

## 7月20日　雨

晨起做動課。早餐後率妻兒並邀炎之、運成、湛侯同下山參加莫干小學休業式，予對學生訓話，諄諄以「勤儉忠慎」校訓四字為今後吾人立身保國之基本。正午即在校午餐。午後訪三嫂，對於大、二兩姪學業前途，痛切陳說（大姪被蕙蘭開除學籍，且外騖太多，均被我查出。二姪亦留級不上進，已得安定中學報告）。不料三嫂不責其子，反為掩飾。

## 7月21日　雨

晨起做動課。早餐後作各方面函電覆稿發出。午後授真兒課一小時。又大姪來山認錯悔過，予力誡之，囑其在暑假中認真溫課，且每日應靜坐半小時反省。又張競心來山籌備開夏季講習班。傍晚厚生由滬到山來談時局，共晚餐後別去。

## 7 月 22 日　陰霧

晨起做動課。早餐後厚生再來談，並託其代覆函稿多件。午後張競心、張小鶴兩君來商談明日暑期補習會開課事。

## 7 月 23 日　晴

晨起做動課。早餐後赴公益會行暑期補習會開課禮，歸途順道答訪山友。傍晚俞局長則長偕周佩箴來談。又厚生、蓮士亦先後來談。晚間王叔魯兄由平到山，談至十一時半始別。

## 7 月 24 日　陰

晨起做動課。早餐後叔魯來續商時局，留共午餐後下山。午後李擇一、黃伯樵二君由滬到，先與李談二小時別去，伯樵留寓本宅。

## 7 月 25 日　晴

晨起做動課。早餐後學生余精一來。又與伯樵結算學會建築費等賬目。午後余則民約茶會未去，因蕭仙閣偕戈卓超到山，奉蔣命並代表宋明軒來促北返，留共晚餐，值談至十一時始別。

## 7 月 26 日　晴

晨起做動課。早餐後程蓮士來商華北外交視察專員事。又湛侯來談敘。午後徐季實由滬來報告楓林橋南馬房問題。

## 7月27日　晴

晨起做動課。早餐後與伯樵商談赴歐考察德在萊因河國防辦法，因與我華北情形相類似也。並託帶口信與朱騮先，略述通郵方案之籌備。午後伯樵下山返滬，傍晚炎之、青甫來談。

## 7月28日　晴

晨起做動課。早餐後褚民誼君由京來談。傍午桐生由大連歸，詳告與岡村等交涉經過，乃與之會商竟日，值至晚間九時始別。總之，此行費九牛二虎之力，欲為國家謀作最後之奮鬥，而所獲不過如此，日人之刁難與細工真是可惡而又可怕。朝野不察，不了解世界情勢，不認識自國環境，不深嘗對手滋味，真是焦灼萬分。

## 7月29日　晴

晨起做動課。早餐後蓮士來談。傍午桐生來共午餐。午後唐有壬由滬來，帶到精衛函，並附來交部所擬通郵方案，予與桐生帶來關東所擬之案對照，覺：（一）則要我承認滿洲國，（一）則要我收復東四省，真是相距萬萬里，值商至夜深十一時始別。

## 7月30日　晴午後雷雨

晨起做動課。早餐後余精一下山來告辭。午後桐生來談，將李際春舊部改編為北甯護路隊事，不失為一妙案。

## 7 月 31 日　晴

　　晨起做動課。早餐後戈卓超由京來山報告與汪會晤談話經過。午後胡世澤（駐瑞士公使）來談國聯對通郵案通過之經緯，頗足資參考。又李直池夫婦、趙才標先後來訪。傍晚桐生來共晚餐。

## 8月1日　晴

　　晨起做動課。早餐後駐杭日領事松村雄藏來求見，緩却之，即派王大綱答拜（彼送酒來，我送烟去）。傍午炎之來報告本日午後公益會開大會程序，及豫擬之各議案。午後二時赴公益會先開董事會，推定候選人，三時開大會，七時始畢。

## 8月2日　晴

　　晨起做動課。早餐後陳覺生由津來山談最近聞見，據彼所知日俄間確日漸緊張，談至午後一時始別。午後杜月笙、楊嘯天、趙海濤（菊椒之子）偕來謁談一小時。五時于孝侯派其主任秘書許溯伊到山來報告地方政務，值談至晚餐後九時始別。

## 8月3日　晴

　　晨起做動課。早餐後桐生來談。傍午許溯伊再來談，當即面交覆孝侯一函，並留午餐後告辭別。

## 8月4日　晴

　　晨起做動課。早餐後桐生來商赴牯。

## 8月5日　晴

　　晨起做動課並看日出。早餐後桐生來談。傍午章行嚴君由滬來談。午後桐生再來商，決定彼明日先赴京部署，予將於九日下山赴京轉牯。

## 8月6日　晴

晨起做動課。早餐後葉錫洛來訪。又出赴中國銀行辦理莫干小學基金事，歸途順道訪鎔西。午後湛侯來託籌備赴京車轎事。又何道衡由杭來晤，康選宜由滬來晤。

## 8月7日　晴

晨起做動課。早餐後整理文件（留山與攜牯）。傍午俞寰澄來雜談。午後蔣孝先由平來報告地方秩序情形，談一小時半即下山。傍晚湛侯來談。

## 8月8日　晴大風晴陰相間

晨起做動課。早餐後理髮師來理髮。午後訪朱、徐、葛、俞四家。

## 8月9日　晴

【再上征途】

晨起做動課。早餐後七時下山再上征途，八時開車赴京，一時抵湯山，桐生、有壬二君來接，即在湯山陶廬沐浴並午餐，餐後三時赴下關，四時登中山軍艦即西開。

## 8月10日　晴甚熱

晨起因昨晚過熱，徹夜未能成睡，在甲板假睡以資休息。午後六時抵九江，陳鳴夏司令來接，即轉車赴牯嶺，九時到，暢卿、翰長來中途接，寓鄱陽路231號。

## 8月11日　晴

【初次晤介石】

晨起做動課。早餐後介石來電邀往談敘（八時一刻談至十時）。彼身體稍有熱度，因日前在海會寺長時間對軍官訓練班訓話，受暑之故（談一大體輪廓即別）。又至暢卿宅與精衛、岳軍、天翼等商討內外各政，即在暢兄宅午餐。午後歸寓休息後，暢卿、岳軍又來談，談至傍晚七時，同赴天翼宅晚餐，在座有劉經扶、朱益智諸人，餐畢並見天翼兄之新婚夫人。

## 8月12日　晴傍晚大雷雨

晨起做動課。早餐後震修來談，又蘭兒攜其三女來。赴精衛宅繼續討論，參加者為暢卿、岳軍、天翼三人，直至正午一時始散。午後行營總務處長蔡勁軍來謁，又荊有岩來訪。五時精衛、暢卿、天翼、岳軍先後到來討論時局，值至晚餐後十時始別，討論範圍頗廣，惟予仍不免衝動。

## 8月13日　晴

【二次晤介石】

晨起做動課。早餐後震修來談（彼以使外策進），彼富於情感，談時眼淚欲出。震去後，予赴鄰宅230號訪段芝泉，談半小時歸。後王雲生、朱鋒民、傅旡退先後來談，王為靜海人，著《六十年來中國與日本》一書者，確為一極可愛之青年。午後鍾世銘代表吳佩孚來訪，囑桐生代見之。四時赴介石宅討論時局，參加者有

精衛、庸之、暢卿、岳軍、天翼諸人，對於應付日俄風雲之大計，研討頗詳，傍晚至天翼宅讌客（予與精衛同□□□□）。

## 8月14日　雨

晨起做動課。早餐後岳軍來談，青甫來談。午後與桐生商討。晚飯後赴暢卿宅長談，值到更深十二時始歸。

## 8月15日　晴

晨起做動課。早餐後協和、凌霄二學兄偕來訪談，客去，予遂出訪岳軍、庸之、季寬三人，各談一小時左右。午後汪心渠（為溫應星之稅警團編號事）、王家楨先後來訪。

## 8月16日　晴

晨起做動課。早餐後出訪周枕琴、朱守梅、協和、凌霄四君。正午赴李伯英宅午餐，彼全家演國術與國樂，同座有丁超五、謝作民（派赴四川黨委）。歸已傍晚矣。

## 8月17日　晴

晨起做動課。早餐後鍾伯毅、夏凌冰，午後左舜生偕沈熳若來談。傍晚陳立夫、齊世英先後來訪，留共晚餐，值至十一時始別。

## 8月18日　晴

　　晨起做動課。早餐後偕桐生赴黃龍寺訪林主席志超，歸途訪諾那、韓達齋、陳圓白（共住一處）三人，即在該處午餐。午後在宅休息（林主席來回訪）。

## 8月19日　晴

　　晨起做動課。早餐後蘭兒來告三甥孫女病。傍午赴暢卿宅與岳軍共三人，討論內政改革辦法，範圍極廣（冀、豫、浙三省政府改組及中央局部改組），時間極長（自午前十一時至午後六時），大體均認為妥貼，各方面亦均顧到，擬供諸介石為能探用與對外、對地方、對剿匪工作，均有裨益。

## 8月20日　晴

　　【三次晤介石】

　　晨起做動課。早餐後青甫下山返莫干山，十一時赴介石處與之討論：（1）日俄風雲；（2）華府會議；（3）通郵聯航；（4）糾正放棄心理。談一小時告別赴暢卿宅午餐。同座除庸之、岳軍、立夫、雪艇等熟人外，有楊虎臣、楊德昭二人，係初會面者。傍晚立夫來共晚餐，告以英士舊時與黨經過，彼極動容（蓋其時彼尚在幼年，不知也），十一時始別。

## 8月21日　晴

　　晨起做動課。早餐後出訪魏海樓、陳布雷二人，途中遇義舫、夢麟。午後乙藜、詠霓偕來訪談（彼等

來開國防設計委員會）。

## 8 月 22 日　晴

　　晨起做動課。早餐後擬一腹稿豫備講演。午後偕桐生乘輿赴海會寺，對第二期軍官訓練團講演（途中去時需二小時一刻始到，背五老峰、面鄱陽湖，回山需三小時，經過劍谷棧道，險而奇）。（一）講題為〈自覺力與建國熱〉，歸結於求己、責己、盡己、推己四點；（二）聽眾1800人；（三）參加熟人有陳辭修（副團長）、周普文、朱懷冰、劉卓波、梁志超、楊虎城、商啟予、龐更陳等；（四）講一小時半；（五）歸寓已夜間十一時。

## 8 月 23 日　晴

　　晨起做動課。早餐後有壬由京來談，岳軍亦參加。午後騮先亦由京來，談通郵意見，終有格不相入之處。晚赴暢卿宅讌。

## 8 月 24 日　晴

　　晨起做動課。早餐後騮先、有壬、暢卿、桐生再會商通郵辦法，意見漸接近，正午會商畢，騮先留共午餐，雜談航空（中國、歐亞）公司現狀，英法日諸國對聯航要求各情形。午後孟和夫婦來訪，未幾，日海軍艦隊司令杉坂悌二郎少將（滬戰禍首）來謁談半小時。又王芸生（《大公報》記者）來訪，晚赴暢卿宅餐，共商國防設計委員會開會事（介石託辦），參

加者有天翼、乙藜、詠霓。

## 8 月 25 日　晴

晨起做動課。早餐後翻閱國防會提案。又張公權來訪談（龔仙舟告伊，謂孝侯說我偏明軒而抑孝侯）。正午赴夏凌冰宅午餐，知川湘共勢又復猖獗。午後在宅與桐生計畫北返事（因伊次日擬先我而行也）。

## 8 月 26 日　晴午後雷雨

晨起做動課。早餐後桐生啟程下山（彼此來追隨於莫干、牯嶺之間已一月有餘）。又丁文江氏來訪。午後至美國學校出訪孟和、在君，並視蘭兒。晚在該校應中國科學社理事之讌，又赴黃季寬君之讌。

## 8 月 27 日　晴

【四次晤介石】

晨起做動課。早餐後回訪楊虎城。九時赴會（國防設計委員會開會，予並非會員，由介石見邀列席），正午始散。午後王亮疇、魏道明由歐歸來訪，又張漢卿由鄂來晤。晚赴天翼宅讌，飲酒過多微醉。

## 8 月 28 日　晴

【五次晤介石】

晨起做動課。早餐後赴國防設計委員會，正午始散。午後孫仿魯來訪，又至暢卿處談敘。晚赴陳辭修宅晚餐。

## 8月29日　晴

【六次晤介石】

晨起做動課。早餐後赴國防設計委員會,正午閉會。午後出訪漢卿(未遇)、立夫。又至庸之宅茶會。晚赴陳繼承宅晚餐,餐畢歸,有壬在寓候,談半小時,漢卿來談。

## 8月30日　晴

【七次晤介石】

晨起做動課。早餐後趙漢野(蘭溪人,津《益世報》代表)、劉芳波先後來。

九時赴介石處談敘(在座有壬、岳軍、暢卿),十一時半歸。午後訪商啟予、王亮疇,均未遇。乃赴暢卿宅接見戴雨農、王聘秋(王有蘭之弟)、羅奇(振西,桂人,駐保定六旅旅長)三人。晚在暢卿宅晚餐,餐後與暢卿、天翼、漢卿雜談,至深夜一時散。

## 8月31日　霧

【八次晤介石】

晨起做動課。早餐後張博純、張公權、顏駿人、孟和夫婦偕乙藜先後來訪。正午赴介石宅午餐,午後蘭兒來辭行下山,傍晚赴天翼宅應天翼、季寬之讌。

## 9月1日　霧
【九次晤介石】
晨起做動課。早餐後袁道靈、程錫庚、顧少川先後來訪。正午赴暢卿宅午餐。午後介石來訪談（彼對政整會留備應付日俄風雲起時之用，堅不主張撤銷，同時又提出駐日大使問題）。晚間又赴暢卿宅晚餐（遇盧作孚、胡石青、彭昭賢〔魯人，熟俄情〕）。

## 9月2日　晴
晨起做動課。早餐後王亮疇來談團結內部辦法。午後盧作孚（重慶民生公司經理）來談。

## 9月3日　晴
【十次晤介石】
晨起做動課。早餐後赴暢卿宅談敘，並留午餐。午後赴介石處長談（談話程序另存），并留共晚餐（予、介、介夫人、辭修夫人）。歸途順訪暢卿（天翼亦來談）。

## 9月4日　晴正午大雨
【十一次晤介石】
晨起做動課。早餐後赴海會寺講演，講題為〈自力更生與同族相愛〉（聽眾二千三百人，皆各省高級將校）。午後三時歸，津《益世報》社長劉豁軒偕趙漢野來訪。傍晚介石來談（送行）。晚赴暢卿宅晚餐（天翼、漢卿、季寬在座）。

## 9月5日　晴

晨起做動課。早餐後赴九江乘永綏軍艦東下，十時開，晚間三時抵南京，在船除攻讀外，作一自勵表列後。

## 9月6日　晴

晨起做動課。早餐後在永綏軍艦中繼續讀書，昨今兩日計讀畢介石在南昌召集高級行政人員會議時之演說詞及保安會議之演說詞（共六篇），暢卿演說詞兩篇，許世英之《黃山遊記》一冊。晚七時半抵高昌廟海軍碼頭，季實來接（遇記者三人）。

## 9月7日　晴

晨起做動課。早餐後接見中國記者（叔雍陪見），委曲誘導者約一小時半。午後接見日本記者（約廿餘人），亦談一小時半。中間擇益、長春等來談。

## 9月8日　晴

晨起做動課。早餐後八時半赴海格路拔可宅，借地見客。九時日使有吉偕有野參贊來談，談約兩小時。十一時半日武官鈴木美通中將偕其輔佐官影佐中佐來晤，並留其便飯，午後一時別去。四時日海軍第三艦隊司令今村中將偕其參謀長及佐藤脩武官來訪，談約一小時，見客畢乃歸寓。

## 9月9日 晴

晨起做動課。早餐後九時戈卓超偕蕭仙閣來談，九時半劉芹堂（孫連仲之處長）偕丁永縉來，十時陳季略來，十時半徐新六君偕英人懷德爵士（舊相識者，White）來訪（彼自倫敦來，新往遊日本、滿州各地到滬），談兩小時：（一）範圍涉及世界現狀、東亞情勢、日本內情、中國地位；（二）性質涉及政治、經濟、外交（軍縮會議之趨勢、日俄風雲之觀察）、商業等等。

## 9月10日 晴

晨起做動課。早餐後八時半梁紹文、詹紀鳳先後來談。十時有壬、驪先偕高宗武由京來晤，接洽對外事件。午後船津、影佐先後來訪（予對影佐痛下針砭工夫，因彼對我國持有錯誤之見解，不能不令其理解）。又高養志、章行嚴、唐三亦先後來談。晚間與湛侯談，知子文近情（與楊虎城遊杭）。

## 9月11日 陰

晨起做動課，早餐後厚生偕潘光旦來談。又電邀朱達齋來，囑辦各事。午後許長卿、史量才、張公權分別來晤。

## 9月12日 雨

晨起做動課，早餐後趙才標、朱繩武先後來晤。又出訪鐵城未遇，順訪子文談半小時。午後劉豁軒、李擇

益、吳鐵城、陳果夫偕沈百先（談導淮會事）先後來
晤。傍晚炎丈、和姨、湛侯、壯華等來共晚餐。

## 9月13日　雨

晨起做動課，早餐後，日記者下條來嚕囌半小時。
又擇益、長卿來接洽行程。又蘭兒來晤（是日寄暢卿一
函）。午後耿續之、朱炎之來談。

## 9月14日　雨

晨起做動課。早餐後赴北站上車赴京，長卿同車陪
行（站上戒備特嚴，俞秘書長等來送）。午後三時到，
有壬、仲鳴等來接，寓鐵道部四號官舍，當即赴一號官
舍訪精衛，談兩小時歸。震修來訪談。晚赴精衛宅晚
餐（同座有哲生、覺生、季陶、驤先、孟餘、益智、孟
瀟、立夫、楚傖、公博、季寬、雪艇、有壬、仲鳴、厚
甫等）。予酒後作一小時以上之演說，極懇切悲痛。

## 9月15日　雨

晨起做動課。早餐後靜芝來陪出拜客，計晤到季
陶、立夫、厚甫、雪艇諸人（林主席及其他各處均留
片）。傍午歸，賀次長貴嚴來談。正午赴乙黎宅午餐。
午後三時半赴精衛宅再談，孟餘、驤先兩部長均來參
加，談兩小時。晚赴中國銀行震修之讌（同座有日領事
須磨、海武官岡野、陸武官高橋，以及蓮士、擇益、秋
岳、益生諸人）。

## 9月16日　雨

晨起做動課，早餐後本擬乘機飛平，因雨霧甚盛，未果。蓮士來，乃偕至震修宅雜談，並在震修午餐。午後赴乙藜宅休息，並與上海通電話，與景英夫人及真兒略說數語，告以已延改行期。四時至精衛宅貢獻對憲法意見（因彼明日將偕哲生赴牯，對憲法與介石有所討論）。予主張適用「多級總攬制」，精衛以為然，而未敢盡量主張也。晚蓮士來寓陪晚餐，九時半就寢。

## 9月17日　雨

晨起做動課（九時精衛與哲生同飛牯）。早餐後唐佛哉（韓向方駐京辦公處長）、戈卓超偕蕭宣閣先後來訪（談蒙事與西南策動兩事）。傍午褚民誼來晤。正午赴靜芝宅午餐。午後須磨總領事、高宗武、朱騮先、葉楚傖諸君先後來訪。晚赴蓮士宅晚餐。

## 9月18日　陰

晨起做動課。早餐後馬曉軍、吳立凡先後來談（馬寓南京兩廣會館）。馬曉軍偕王豫（桐軒，湘人）來貢獻大局意見，頗大膽真切。吳立凡為其弟吳思履（四十三歲，軍需畢業）謀事而已。傍午有壬、乙藜分別來訪，並偕乙藜至其宅午餐。午後訪羅鈞任、徐叔謨、唐有壬（答訪），均未遇。傍晚鈞任來答訪。

## 9月19日　南陰北晴

晨起做動課。早餐後八時赴明故宮飛機場乘機飛平

（八時半起飛），機為介石之福特機，司機人為美籍，名史密斯，同乘者有蓮士、大綱二人（僕楊林）。午後二時抵南苑，敬之、文欽等均來接，沿途戒備特嚴。連乘五小時半，故下機後稍覺耳聾眼昏，勉為握手即驅車到外交大樓休息。在機中口占打油一首，到平後，即電知亦雲夫人以慰之。

## 9 月 20 日　晴

晨起做動課。早餐後十時，《朝日》記者神尾、本鄉、中村來謁。九時赴居仁堂答訪敬之，又訪修直病（昨去飛機場接我途中，跌傷腰）。歸來接見中國記者。午後接見日本留平記者。四時日使館新任參贊若杉來。五時半于孝侯來晤，談兩小時。晚間桐生來談。

## 9 月 21 日　晴

晨起做動課。早餐後，文欽、立孫、仲勛、爾和、叔魯先後來訪。午後柴山、冲野、作民來談。是日擇一由滬到。

## 9 月 22 日　雨

晨起做動課。早餐後芳亭（託代表赴濟）、遠伯、石川順（今關、修直介紹）來訪。十一時出赴日使館答訪若杉。十二時方子樵來共午餐（此君頗有特見）。午後張勇年（副稅務司）、曾仰豐（長蘆運使）、高宗武、唐圭良、陳光甫先後來晤。晚在宅讌王勵齋、劉紹禹等。

## 9月23日　晴

【中秋節】

晨起做動課。早餐後孝侯由津來長談兩小時，較為澈底。傍午赴內政部街東頭大方家胡同看新租之屋，又至叔魯宅答訪。正午在仲勛處午餐，並約涵青幫辦來商談創辦「縣政訓練班」、「警政訓練班」及「農村指導員養成所」各事。午後偕鹿君赴西昇平沐浴。晚至作民宅晚餐。

## 9月24日　晴

晨起做動課。早餐後對全會職員訓話。又美館新任（海軍）武官沙克中佐（Shock），正裝來訪。傍午市黨委全部來。正午讌本會各廳處會主任人員。午後美使詹森來晤，又駐菲列賓司令巴克少將（Parker）來訪。四時何敬之來談，云將赴察、綏視察。傍晚赴美武官德來達家茶會。晚間直卿偕劉豁軒來商津益世報事。又孟和夫婦及李擇一先後來談。

## 9月25日　晴

晨起做動課。早餐後荷使、英使先後來訪。又朱枕薪來囑往津《益世報》服務。傍午福開森來談，出示吳達詮致彼函件（將往謁蔣）。午後孝侯、步勉之（大興縣長）、侯疑始（孝侯秘書）、朱武勳、李宗弼等先後來。六時赴美使館茶會，歸時訪敬之於居仁堂送行（敬將於明晨赴包頭）。傍晚何競武來，談蒙古情形。晚間赴英使館晚餐會，歸已十一時半。

## 9 月 26 日　晴

晨起做動課。早餐後曉滄、遠帆分別來晤。十時赴東站接亦雲。十一時赴日使館訪若杉（慰問阪神風災，並雜談一小時半）。午後晏陽初（談鄉村教育）、余幼庚（問平市秩序）、高宗武、王維宙先後來談。

## 9 月 27 日　晴

晨起做動課。早餐後雷保康、孔雲生偕溫靜庵（談晉省近況）、平津兩地郵務長及電報局長來晤。午後平津兩地新聞檢查所人員全體來謁。四時關東軍囑託藤原俊明來晤（儀我、柴山同來）。傍晚啟予來談。晚間赴美使館餐會，會畢並赴英館跳舞會（看看而已）。

## 9 月 28 日　雨

晨起做動課。早餐後，陳博生、朱博淵、謝雨山、桐生先後來談。午後劉紹禹來晤。又若杉奉命來答謝前日之慰問。晚間桐生偕宗武來報告初度與藤原會晤情形。

## 9 月 29 日　雨

晨起做動課。早餐後念新來晤。十一時桐生偕土肥原賢二來，並留共午餐。午後鄧仲知、陶希聖、胡政之、周作民偕晏陽初等先後來談。晚在寓讌美使。

## 9 月 30 日　晴

晨起做動課。早餐後陳覺生來談（宮越案）。午

後整理文件。晚在寓讌英使。

## 10 月 1 日　晴

晨起做動課。早餐後參加本會演說會。午後羅馬教皇代表蔡盦來見。又王廻波、鈕元伯、沈職公、劉玉樞等來談。

## 10 月 2 日　晴

晨起做動課。早餐後孫子涵、趙才標、劉定五、丁春膏等分別來見。午後吉村來報告根本博之主張。又橘三郎來報告天津聞見。傍晚方子樵來談停止市參議會事。

## 10 月 3 日　晴

晨起做動課。早餐後美人艾迪來談，出示在津日租界購得之白麵（即鴉片毒精）兩包（予初次見）。傍午冀省各廳長來平。午後藹士來談。又許同辛、巴立地先後來談。傍晚韓向方由濟南到平。晚赴劉敬輿宅晚餐。

## 10 月 4 日　晴

晨起做動課。早餐後芳亭來報告使魯晤向方、成章經過。九時半出訪向方、明軒、靜岑諸人。午後理髮師來理髮。又武田來。四時半，岡部子爵偕水野梅曉由熱河來。晚在寓讌若杉、岡部、坂西等。

## 10 月 5 日　晴

晨起做動課。早餐後克之、伯苓、成章來談。正午赴作民宅讌會。午後柴山來談聯航事，擬為通郵交涉中

之郵票難題作交換，彼等層層相扣，手段百出，真是可
慮。傍晚傅宜生由綏遠來見。晚在寓讌各省市來赴會之
主席、市長等，並作極懇切、極沈痛之講話。

## 10月6日　晴

【政整會大會（氣象頗好）】

晨起做動課。早餐後開大會，各省市分別作施政報
告，以綏遠為最滿意，有苦幹精神，山東及青島市次
之，北平市又次之，山西報告過簡，河北省最無精采。
正午在寓讌全會委員。午後繼續開會通過各案（地方行
政人員訓練所、農村指導員養成所）。值至六時始畢。
晚赴市府讌會。

## 10月7日　晴

晨起做動課。早餐後修直偕朱鏡勻來謁。十時赴
居仁堂與敬之接洽各事，託其回南商榷。正午即在居
仁堂讌會。午後答訪孝侯、次宸、宜生各主席。晚在
明軒宅讌會。

## 10月8日　晴

昨夜腹痛水瀉，晨起身體疲勞，靜養半日。午後水
野來談三小時，口和平而內藏甚多，在不知不覺中露出
日本有沿蒙古西進之意。傍晚柴東生來談。晚赴萬福麟
宅讌會，因腹病未進飲食，不過陪坐。

## 10 月 9 日　晴

晨起做動課。早餐後岳開先來謁。十時半答訪蔡
寯。午後蔣效先來報告種種特務案件。

## 10 月 10 日　晴

【第二十三雙十節國慶】

晨起做動課。早餐後在會舉行國慶紀念典禮，予對
本會全體致訓詞（先述到平後，在此禮堂竟居然作第二
度之國慶紀念，胸中感慨與諸同仁相同，今後吾人應共
勗兩點：（一）每日必檢討一次本日所作所為，有否
不「兼顧國民生活」之事；（二）有否不「盡本職」之
事。）午後在會舉行茶會，招待各國使臣及內外重要人
員約三百五十人，七時始畢。

## 10 月 11 日　晴

晨起做動課。早餐後涵青偕趙才標來談行政人員訓
練所事。又張水淇、王芳亭先後來訪。午後亦農、直卿
分別來談，又德顧問晏納克來討論政制，談兩小時（沈
來秋翻譯，竟見頗相同）。晚間陶尚銘、殷亦農來報告
戰區內近情，予力加激勵，並對殷糾正其外鶩。

## 10 月 12 日　陰

晨起做動課。早餐後謝為霖、程眾漁、陳覺生談農
村指導人員養成所事。李擇益等先後來訪。午後蕭仙閣
來訪，攻擊啟予不遺餘力。

## 10月13日　陰

晨起做動課。早餐後野田蘭藏來談理想，又厚生、禦秋介紹承季厚來見。又谷九峰來談。傍午接見美記者團（由日本、東三省來）。午後柴山偕儀我來訪，竟係瑣碎（小刀細工、麻煩無比）。四時坂西來。傍晚克之、涵青來商討辦訓練所事。

## 10月14日　晴

晨起做動課。早餐後出訪孟和並連眷屬同至頤和園，坐船遊湖畢，在養雲軒午餐。午後三時回城，四時野田又來談，出示種種稿件。蓋日軍閥之獵官運動亦正狂熱也。晚赴叔魯宅晚餐。

## 10月15日　晴

晨起做動課。早餐後出席本會星一講演會。傍午荷蘭記者來訪。午後金止觀、姚維藩先後來訪。晚召集訓練、養成兩所有關係人員晚飯。

## 10月16日　晴

晨起做動課。早餐後王軍原來謁（派赴戰區密查行政）。傍午黃達雲、蔣孝先、方子樵、陳藹士、吳仲言、張亮卿、王澤民、袁文欽等先後到，共午餐。午後盛鍾岳（二師駐黃寺營長，故人盛碧潭之子，黃埔四期）、魯若衡、清水議員、後藤和尚（密宗）先後來。

## 10 月 17 日　晴

　　晨起做動課。早餐後關師長來，又甯恩承來談（遼寧人，牛津畢業，現任華北統稅局長）。正午在寓讌江問漁（克之、才標作陪）。

## 10 月 18 日　晴

　　晨起做動課。早餐後葛夢漁來談農村合作事，又王叔魯來報告與作民商改組合作委員會事。傍午試行「眾客並見」法，計見十一人，費半小時而散（吳尚之、林步隨、馬彥冲、張士先、張述先、黃中愷、何孝怡、吳蓉農、聞春榮、鈕元伯子等）。午後李擇一來談，又高宗武由京來報告京中請訓經過（通郵）。晚在會讌駐屯軍司令梅津美治郎中將，十時散。

## 10 月 19 日　晴

　　晨起做動課。早餐後桐生來談敘。又津市長王韜來謁。十一時日朝鮮銀行總裁加藤敬三郎來訪。正午赴日使館若杉參贊之讌。午後桐生、擇一、宗武等偕來報告「通郵五次會談」情形（未見進步）。晚赴前美國駐華公使 Calhorn 夫人宅晚餐。

## 10 月 20 日　晴

　　晨起做動課。早餐後德使館參贊飛師爾將回國，來辭行。又邢霆如（十七軍副軍長，駐保定）來謁，為斯夔卿同學說項。又芳亭來商討山西省府事（次宸有辭意，楊愛源頗活動）。傍午文欽市長持德王電（蒙古百

靈廟拍來）來請示（為韓鳳林事，詞意激昂），予囑其
轉電敬之，因彼為蒙古自治指導長官故也。午後梅津司
令來訪談，頗和緩得體，并同赴頤和園晚餐（梅津借該
處招待，予為主賓）。餐後乘船遊湖，月色甚佳（因係
陰歷九月十三日），值至十時始散（前後共七小時）。
是晚，予即宿養雲軒。

## 10 月 21 日　晴

晨起做動課。早餐後與桐生、文欽等連眷屬同在頤
和園內散步並乘船。傍午周作民來談北平市區建設及華
北農村合作事。午後三時人城，在會開茶會招待江問漁
君，參加者均留平新中國建設學會同人。晚赴豐澤園應
方子樵君之讌，同座為各省黨部人員，予演說甚長，同
座似均有感動。

## 10 月 22 日　晴

晨起做動課。早餐後法國《巴黎人報》女記者來
訪，所詢均核要而不露骨，與東方人之記者大不相同，
不能不折服。又蔣孝先來報告種切。正午桐生來共午
餐。午後英人Strickland 來訪（在印度指導農村合作，
已廿餘年）。又張水淇來晤。晚在會讌日本朝鮮銀行總
裁加藤。

## 10 月 23 日　晴

晨起做動課。早餐後加藤來訪談，無非滿口親善
話。又柴山、儀我來逼，要求言明通電、通話，層層節

節之連環套，不知套到何時為止。傍午陳築山由定縣來談對新設兩所事有所貢獻，頗實際。午後開華北合作事業委員會章程審查會。五時後張勇年、譚炳訓及張縣長（丰潤）、趙局長（唐山公安局）等來謁。晚赴日本人俱樂部，應加藤之讌。

## 10 月 24 日　晴

【介石到平】

晨起做動課。早餐後蕭仙閣、劉玉書、殷亦農先後來訪（蕭談蒙自治會事，劉由長春歸來報告聞見，殷偕柴山視察馬蘭峪、玉田歸來報告）。午後赴南苑接介弟夫婦由濟南乘飛機，五時到平，寓大方家胡同三十號，即予新賃擬自用之屋，晚共晚餐。

## 10 月 25 日　晴

晨起做動課。早餐後赴介處接洽公私事件，並邀王院長（協和醫院）來商介石入院檢查身體辦法，午共午餐。午後歸，召直卿來商赴漢晤漢卿事（與津局有關）。又赴居仁堂訪暢卿（暢本日午後由開封專車到平），偕回予寓共晚餐，桐生、擇一同座，商應付通郵談判事。

## 10 月 26 日　晴

晨起做動課。早餐後柴山來談：（一）求見蔣（予動議約梅津）；（二）接收馬蘭峪；（三）處置玉田部隊；（四）通郵最後案。傍午桐生來告以柴山所述，藉

資策應。午後赴介處，遇胡政之、張厲生及冀省各廳長，客散與介談定期招待內外賓辦法，談至傍晚，介入院，予遂歸。晚間電邀高宗武、余翔麟來詢問中央對伊等訓令內容，又暢卿來晤談至十一時半始散。

## 10月27日　晴

晨起做動課。早餐後文欽、曉滄、擇一、芳亭先後來晤（文欽報告蒙人開會事，曉滄往約若杉見介事，擇一往邀佐藤晤談事，芳亭商晉省府事）。午後日海軍大佐佐藤脩來謁談半小時。五時赴協和訪介，知檢查結果，身體尚不甚壞，談二小時歸。

## 10月28日　晴

晨起做動課。早餐後仲勛來，偕往北海公園散步，並在臥龍亭品茗，傍午歸。午後開具名單（內外賓兩面），豫備為（介紹蔣委員長夫婦）招待一次。傍晚赴協和與介談敘兩小時。晚間暢卿來談。

## 10月29日　晴

晨起做動課。早餐後趙次隴由太原來訪談半小時。十時出席星一本會講演會，講者為劉奇甫君，講題為「日本國力之估計」，極有研究，聽者動容。傍午蘇俄使館畢參事（兼津總領事）來謁。午後叔魯來，出示震修函，知京中對郵政計劃之鬼祟行為。又柴山偕儀我再來逼（偽作要下旗歸國），予力加挽留而止。三時亮疇來談奔走西南經過（還是各鬧意見）。四時孝侯來報告

赴漢情形（帶到張漢卿來函），並報告日軍將於明日又
要到津浦沿線，如靜海、獨流等處行軍，真是糾纏不
已。五時赴協和訪介，遇暢卿。

## 10 月 30 日　陰

　　晨起做動課。早餐後張勇年、高宗武先後來訪。
傍午吳自堂由滬來晤。午後與桐生商議應付外交方
策。傍晚訪介石於協和醫院，談兩小時。八時半赴丹
麥使館晚餐。

## 10 月 31 日　晴

　　晨起做動課。早餐後披閱函件。十時赴吳子玉早讌
（在座有王亮疇、孫漢塵，不禁回想當年之景象也）。
午後趙次隴來請示外交情形，予託其傳語伯川「健」
（送伊此一字，恐其不穩健也）。晚至大方家胡同與介
石共晚餐。

## 11月1日　晴

晨起做動課。早餐後直卿由漢口歸來，報告與漢卿商議經過：（一）冀省府改組；（二）冀省府移保；（三）天津市改組。十時半「戰區清理委員會」成立，予出席訓話。午後介石來陪見比使紀佑穆，談隴海借款事。又五時至七時茶會，為介紹介石與各使，到外賓約七十人。

## 11月2日　晴

晨起做動課。早餐後介石來寓接見柴山、佐藤、冲野、若杉三班日本客，予均在座，談話極得體。正午即留介石在予處便飯，午後亦雲夫人茶會（為介紹介弟夫人與留平名媛及各高級職員眷屬）。予與桐生、暢卿商討通郵談判兩小時，覺實無良法可以打開僵局。晚七時在會讌北平各界領袖（黨政軍各機關及社會各團體），計到二百餘人，為歡迎介石互有演詞，九時散。

## 11月3日　晴

【介石離平，此來共住十晝夜】

晨起做動課。早餐後赴大方家胡同與介石再談（遇顏駿人），十一時同赴懷仁堂對駐平各軍旅官長約五百人訓話，介石訓畢後，堅邀予演說，予亦略為引伸其義，一時始畢，立食而歸。介即束裝離平，予送至平綏車站，車發已二時餘矣。傍晚孝侯主席來商定冀省府、津市府改組事，當晚予即拍電行政院，請任命。晚餐後電邀直卿來談，因津市長將請直卿擔任也。

## 11 月 4 日　晴

晨起做動課。早餐後顏駿人來談，又偕夫人同至中央公園散步一週。午後柴山來談，告以冀省府事將有改革（因玉田案負有言責，故告之）。

## 11 月 5 日　晴

晨起做動課。早餐後桐生來報告聞見。又曹潤田來談（最後以其甥王蓬事，要求介紹於國防設計會）。午後三時半地方行政人員訓練所（股長以上）來開會討論該所進行事宜。又四時半農村指導委員養成所（股長以上）來開會，討論該所籌備事宜。傍晚程眾漁來談，帶到徐東海送我對聯一付，文曰：「經國有才皆百鍊，著書無字不千秋」。此老想及當年在總統任時，予為之草《歐戰後之中國》一書，故有是聯，然終覺獎飾逾恆，惶愧無比。晚張溥泉夫婦來共晚餐，溥泉雖舊友，然近年頗有誤會，其夫人直質而有肝膽，故偕來解除隔閡，真小難能可貴者也。

## 11 月 6 日　晴

晨起做動課。早餐後程錫庚由滬來報告，昨已就「外交部駐平特派員」職。又邢霆如來談（交與介石留書一條，囑讓保定省府屋）。傍午朱蘭蓀來敘（閻百川之參謀長，鄂人，舊留日同學且為丈夫團一團團員）。午後危苞濱由東京歸來，報告聞見：（一）少壯派首領為參謀部之磯谷、陸軍省之永田、滿洲方面之板垣三人；（二）其幹部為酒井、楠本、影佐、和

知、花谷、儀我等；（三）北支會之內容。又張英華
來訪，滿面烟容。

## 11月7日　晴

晨起做動課，早餐後偕夫人出答訪劉經扶夫婦於協
和醫院，又答訪張溥泉夫婦於其宅。午後盛鍾岳、石敬
亭偕李顯堂（持煥章函來，為灤州記念故事）、靳仲雲
（調任辭行）、陳筱莊先後來訪。

## 11月8日　晴

晨起做動課。早餐後翁詠霓偕李書華（為農事試驗
場）、唐圭良（述滿州聞見）、王芳亭等先後來談。午
後爾和由南歸來，歷述在津遇石蓀，在滬遇亞農，在漢
遇岳軍、漢卿各情形。又叔魯來晤談。晚間桐生、擇
一、高宗武、余翔麟等持汪精衛電來商通郵辦法，彼等
步驟不一，主張互異。

## 11月9日　晴

晨起做動課。早餐後王樹人、曾擴情先後來訪。
又川口參謀由蒙古來麻煩一頓。午後理髮師來理髮。
三時半日使有吉明來謁。五時美人福開森來談，福在
中國四十餘年，好古玩、金石、碑刻、書畫，均有研
究及收藏，現因年事已高，作收束計。彼將全部所有
概捐贈金陵大學（值價約二百萬元云），此西方人之
特質，可佩可學。

## 11 月 10 日　晴

晨起做動課。早餐後韓德鄰（芳亭，河北人，測量
同學）、王紹賢先後來談（王為電車公司官股董事，糾
紛事有所陳述）。午後出城赴湯山沐浴（因左臂酸痛已
五閱月，無暇醫治，近日愈甚不能自穿衣，故浴溫泉以
試之）。是日宿湯山，文欽市長、桐生局長同行。

## 11 月 11 日　晴

晨起做動課。早餐後沐浴並遊湯山公園，午後休憩
一小時，起而再浴。傍晚入城，是日孔庸之偕介石夫人
宋美齡由太原飛平，寓北京飯店，故晚餐後偕景英夫人
同往訪談。

## 11 月 12 日　晴

晨起做動課。早餐後文欽送紫光電械來試治臂病。
正午庸之偕蔣夫人來共午餐，午後三時別。晚六時半在
會讌日使有吉。

## 11 月 13 日　晴

晨起做動課。早餐後孝侯由津來，九時出訪有吉並
順道訪柴山，歸而午餐。午後訪孔庸之於北京飯店話別
（彼等將於午後三時出發赴津）。歸寓後宋明軒、戴雨
農、高宗武偕余翔麟、陳覺生等分別來訪。晚赴日使館
有吉招讌。

## 11月14日　晴

　　晨起做動課。早餐後戚運機、蕭仙閣、劉玉書先後來談。午後姜松年（報告視察經過）、孫子涵等先後來晤。晚間青甫由杭來，將赴晉，留共晚餐。

## 11月15日　晴

　　晨起做動課。早餐後貝潤豐（蔣孝先介紹）、王念劬、何亞農等先後來晤。午後朱石芹、張樹聲、袁泰、桐生等來談。

## 11月16日　晴

　　晨起做動課。早餐後趙才標、夏博泉、傅金波等先後來。正午青甫來共午餐，彼對墨正要求津公安局事，幾等瘋狂，甚為憂慮，切告予用人要謹慎（尤其是會計庶務更要謹慎）。午後齊世英、岳開先分別來晤。傍晚出至首善醫院診臂，晚飯後電邀墨正來，苦口切誡之。

## 11月17日　晴

　　晨起做動課。早餐後赴首善醫院行電氣療治，復由該院院長方石珊君同至協和醫院照X光線（牙部、肺部與肩臂部）。正午赴任叔永君宅午餐，同座有適之、孟和、貽琦、季梅各對夫婦，三時歸寓。郵談委員高宗武、余翔麟來報告談判將決裂，力曉以應顧大局（經過見另錄致蔣、汪電文中），而不能領悟。未幾，柴山、儀我又偕來壓迫，要求可否決於一字，請電中央為最後之決定並限時日，當即召桐生、擇一二人商議，先電告

汪（電發已深更十二時矣，是夜徹夜未能成寐）。

## 11月18日　晴

晨起做動課。早餐後將昨夜電汪之稿轉電蔣，並另啟稿電唐有壬（此電亦轉蔣），又將鈴木中將由粵歸滬後之談話譯成漢文電蔣，備其參考。復將通郵談判經過曲折電敬之。午後復進一電致介石，詳述立場之困難與對方態度之不妥。傍晚亦農由古北口歸來報告。又叔魯來談（擬請其赴京一行）。晚間赴美使館讌，為與美國駐俄大使布來脫會。

## 11月19日　晴

晨起做動課。早餐後桐生氣喘來報，謂通郵談判本晨已宣告破裂，電告蔣、汪（電稿另存），一面約柴山、儀我、藤原三人來見，彼等態度極壞，謂決於午後離平。柴山亦謂「只能辭職」等語，一再挽留以待中央方面昨發各電之回電，結果僅允柴山可暫留，餘二人必須回關東銷差。傍午豫約定之雲王、德王代表補英達賴等來見，談半小時（曉以大義，動以利害）。正午讌顧毓琇（一樵，清華工院長，研究飛機製造）、吳屏（伯藩，農學院教授，研究酒精汽油製造）、馮簡（君策，工學院教授，研究無線電及電機）、吳厚鑫（幼銓，西門子工程師，研究電訊）諸人，商給試驗經費。午後急派擇一往覓高宗武，同時得汪電，謂派有壬晚車北來，當即囑桐生持汪電再往覓宗武，值至四時始得回報，總算做到暫留待有壬到。傍晚宋明軒來辭行，云將返

任，予託其代疏通仙閣（因仙閣不得津市長，對予有隔閡）。晚間與俞涵青商行政人員訓練所之豫算，批交切實核減後再呈。

## 11月20日　晴

晨起做動課。早餐後岳闓彊由張家口來報告松井與張北縣糾葛事。又韓立如來報告馬占山事。又艾德蘭（美人）等由蘭州來談職業教育與醫院事（捐洋千元）。傍午喬國章來，呈閱講演稿，商付印事。正午至首善醫院療治。午後齊世英、冲野（送代炙鹿來）、戴雨農（介紹陳君）、柴山先後來晤。

## 11月21日　晴

晨起做動課。早餐後叔魯來談。午後赴燕京大學茶會。晚應夢麟宅之讌。

## 11月22日　晴

晨起做動課，早餐後法使韋禮敦來訪，談及江西共匪西竄事，彼深以竄入雲南為慮，外人在中國，在其心底，各劃有勢力範圍，常於不知不覺中流露。華北交涉側重日本，其他各國往往酬應了事，故一般普通社會，每易為歐美人甘言所惑。實則東山是虎，西山有狼，易地而居，噬人則一，逐之或訪之，責在自身。傍午朱式勤來。午後冲野、村田（大連某日文報社社長）先後來訪。

## 11 月 23 日　晴

【頭痛澈夜】

晨起做動課。早餐後唐次長有壬來商應付通郵交涉事（彼昨以為易，今又頗感困難矣）。午後蕭仙閣來晤，與之解釋津市易長問題之誤會。又湯爾和來談劉石蓀搗亂問題（以外人為背景，又一可恥可憐事）。連日層層激刺，傍晚忽患半邊頭痛，來勢甚猛，脹痛欲裂，適是夜為通郵談判最後之一夜，心又焦急，以致澈夜未能合眼。

## 11 月 24 日　晴

【相持澈夜】

晨覺頭痛未已，予妻亟召醫來視，吃凡拉蒙藥片而稍止。八時桐生報告到，謂「昨夜與對方澈夜相持，至今晨六時半勉告解決，回家稍息一、二小時，即入謁面報」等語。本日起醫生（中醫方石珊、德醫克禮、日醫山本）切囑靜養不見客，故除有壬、震修、桐生等不能不見外，餘均停止。

## 11 月 25 日　晴

養病（此次因病，發現血壓低至九十度，體重減輕十磅）。

## 11 月 26 日　晴

養病。惟正午讌齊鐵生及其友東北人六、七位，係豫先約好者，不能慢客，故勉為支持陪座一小時。

## 11月27日至30日　均晴

養病。

## 12 月 1 日　晴
同前養病（連日同時診臂病，用針灸法）。

## 12 月 2 日　晴
是日精神好，適因星期，清華大學梅校長本有豫約，邀往午餐。予妻力勸應邀，往郊外一吸新鮮空氣，遂偕往，但餐後歸來，實覺倦不堪支。

## 12 月 3 日　晴
午後柴山、儀我由長春來，談半小時。

## 12 月 4 日至 5 日　皆晴
養病。

## 12 月 6 日　晴
【兼任內政部長】
是日，因昨日星期三中央政治會議通過予兼任內政部長消息到平，各方不安，紛紛求見，故擇其要者而見之，計見王叔魯、柴山、方子樵三人。

## 12 月 7 日　晴
午後若杉求見，亦為刺探內政部消息。

## 12 月 8 日　晴
午前亞農由津歸，報告聞見。傍午桐生來共午餐。午後蔣孝先來，稱外間對劉石蓀事頗多評論。又孝侯來

報告新省委就職情形，並稱省府遷保令雖到，但未限日
期，值此隆冬暖氣設備及房屋修理均感不便，且一經遷
移必有公文停頓之虞等語。簡言之，即其言外之意仍欲
延宕也。

## 12月9日　晴

未見客。

## 12月10日　晴

午後芳亭來晤。

## 12月11日　晴

午前水淇偕今關來，帶到齋藤子爵（前任日本總理
大臣）照片、函件，及現任遞信大臣床次函件，談悉該
國政情，亦頗不易收拾，而尤慮其相鼓相盪，將又借對
外問題以維持其內政也。午後殷汝耕、李顯堂（持向方
函來，為煥章謀出路）、柴山先後來晤。

## 12月12日　晴

晨直卿市長由津來報告就職後情形。又靜齋、叔
魯、源田（關東軍囑託來談設關事）等分別來。午後
芳亭偕張子奇君（晉人，與楊愛源諗，早稻田大學出
身）來談。

## 12月13日　晴

午後橘三郎偕島田醫生來，橘此次由滬來，並帶到

日使有吉口信，囑勸相機休息，不知其中又有何醞釀。
五時邀水淇來談，囑其多刺探今關。

## 12 月 14 日　晴

　　午前陳覺生、張勇年偕秦皇島施稅務司（瑞典人）
來訪。傍午冲野來談陳紹寬辭職事。午後錢家棟（嵊縣
人，津市黨部常委，有壬介紹，欲得社會局長）、趙才
標等來晤。

## 12 月 15 日　雪

　　午前高宗武、余翔麟因公務已畢，將返京銷差來辭
行。午後赴政治訓練處講演，題為〈認識〉。

## 12 月 16 日　晴

　　午前藤原來辭行，返關東。正午在大方家胡同讌今
關，託其帶回禮與齋藤、床次，是日談悉田中光顯策動
之內幕及北輝、大川、安岡三派之活躍。

## 12 月 17 日　晴

　　午前出席本會星一講演會，予講「多級總攬制」之
必要。午後遠帆（來託其弟事）、福開森（古物寄贈
事）、程蓮士等先後來晤。

## 12 月 18 日　晴

　　午前劉竹坡來談，交履歷兩張。午後仲勛來晤。

## 12月19日　晴

午前亞農來談石蓀事。午後冀省府新省委張厚琬、鄭道儒、查燿、胡源匯、魏鑑來謁（循禮）。又朱石勤來請示，商解決玉田保安隊糾紛案。晚偕夫人同赴比國使館讌會。

## 12月20日　晴

賈焜亭來說段派津貼事，又儒堂、作民來訪。

## 12月21日　晴

是晚赴子玉宅晚餐，歸時在上車時，因左手有病不能用力，跌蹼倒車，手痛尤劇。

## 12月22日　晴

是日潘馨航來託，為戀業根行復業生根。又劉定五來告在晉聞見。

## 12月23日　晴

是晚在宅讌外交團，到英使、比使、巴使、日斯巴尼亞使各夫婦。

## 12月24日　晴

邢霆如偕斯夒卿來訪。又王受培來談開灤事，楊琪山來談湛侯受屈事。午後文欽來述在京開會經過。又儀我來辭行。傍晚津駐屯軍參謀長酒井隆來謁，彼放言兩小時，無非欲逼中國隨日本走，予與之力辯利

害，彼乃稍稍沈默。

## 12 月 25 日　晴

午前赴地方行政人員訓練所行開學典禮，予講演所訓「勤儉忠慎」四字之意義（稿另存）。午後酒井再來談約一小時半別去（大半理論，無實際交涉）。晚間文欽、桐生來商故都文物整理事。

## 12 月 26 日　晴

午前岳軍由京到，遂在方家胡同談敘。午後梅津司令派河野副官來謝望病。晚間公讌岳軍。

## 12 月 27 日　晴

午前柴山來告已奉令調任，意頗頹傷。午後冲野來述柴山調任係中日關係又轉變之徵候。

## 12 月 28 日　晴

是日與岳軍細商內外時局，除出外應酬飯局外（中午在叔魯宅，晚飯在萬壽山宅），值談夜十一時作別，岳軍即上車南返。

## 12 月 29 日　晴

是日李宗弼、谷九峰（為黃河救災獎券事）、萬國賓（尚有遠志）分別來訪。又曾仰丰（長蘆鹽運使）偕美人葛佛倫來晤。

## 12月30日　雪

高木陸郎來述東京情形。

## 12月31日　雪

是日鳥田大佐（航空課長）、孫哲生、索王（錫林格拉盟長）、黃秉衡、張勇年、冲野分別來晤。晚在宅與機要室職員吃年飯。

# 附錄：《黃郛日記》涉及親屬簡介

- 黃郛妻沈亦雲，本名沈性真。景英之名為投考北洋女師範學堂時自取。教師傅增湘為之取號亦雲。
- 黃郛祖父黃鏞，女兒嫁入餘杭章家，為章太炎祖母。
- 黃郛父親名黃文治，字友樵。黃郛母親陸氏。
- 黃郛家中兄弟姊妹共七人，四男三女，黃郛為么兒。
- 黃郛三哥黃叔汀。
- 黃郛有姪兒堯年、錦澤、嵩雲、嵩壽。
- 黃郛認友人計仰先子計晉仁為契子。
- 黃郛元配吳氏，離婚。
- 黃郛與吳氏所生女黃熙文，夫婿為沈璿（義舫）。
- 黃郛夫婦養育沈性仁過繼三女，取名熙治，小名小真。
- 沈亦雲父親名沈秉鈞，號叔和。
- 沈亦雲母親名葛敬琛。
- 沈亦雲七叔名沈秉榮（號季華）。
- 沈亦雲七外叔葛文濬（號慕川）。
- 沈亦雲四姨母葛敬琮、姨丈沈子美。
- 沈亦雲堂舅葛敬恩（湛侯）。
- 沈亦雲姨母葛敬誠、葛敬和。
- 沈亦雲有妹沈性仁（又名景芳）、沈性元。弟沈君怡（又名景清），即沈怡。
- 沈性仁之夫陶孟和（履恭）。

民國日記 21
# 黃郛日記（1933-1934）
The Diaries of Huang Fu, 1933-1934

原　　著　黃　郛
主　　編　任育德
總 編 輯　陳新林、呂芳上
執行編輯　林弘毅
封面設計　陳新林
排　　版　溫心忻、盤惠秦

出 版 者　 開源書局出版有限公司
　　　　　香港金鐘夏慤道 18 號海富中心
　　　　　1 座 26 樓 06 室
　　　　　TEL：+852-35860995

　　　　　民國歷史文化學社
　　　　　10646 台北市大安區羅斯福路三段
　　　　　37 號 7 樓之 1
　　　　　TEL：+886-2-2369-6912
　　　　　FAX：+886-2-2369-6990

銷 售 處　源流成文化 股份有限公司
　　　　　10646 台北市大安區羅斯福路三段
　　　　　37 號 7 樓之 1
　　　　　TEL：+886-2-2369-6912
　　　　　FAX：+886-2-2369-6990

初版一刷　2019 年 10 月 31 日
定　　價　新台幣 330 元
　　　　　港　幣　85 元
　　　　　美　元　12 元
I S B N　978-988-8637-31-7
印　　刷　長達印刷有限公司
　　　　　台北市西園路二段 50 巷 4 弄 21 號
　　　　　TEL：+886-2-2304-0488